ファーストステップ

改正民法

西口 竜司 [編著]　小田 紗織・城戸 直樹 [著]
RYUJI Nishiguchi　SAORI Oda　NAOKI Kido

Amended
Civil
Code

中央経済社

はしがき

　本書は，これから新しく生まれ変わる民法を学ぼうとする人のための，概説書です。新しい民法の基礎をこれから学ぼうとする人を対象に，入門から相当レベルの理解に到達できるよう，サポートすることを目標にしています。

　債権法の改正，あるいは，相続法の改正を控え，多くの優れた解説書が公刊されています。そうした中で本書を執筆しようと思ったのは，新しく民法を学ぼうとする学習者にとって手助けできることがあるのではないかという想いからでした。

　多くの書籍は，旧法と新法を比較し，法的規律が変更したところに絞って扱っています。しかし，これでは，高い実力のある人を除き，民法がどのように機能するのかを理解することは難しいのではないかと感じています。そこで，本書では，旧法と新法の比較だけでなく，改正されていない規律も含め，改正後の法律がどのように機能するのかについて，丁寧に解説することを心がけました。

　また，本書では，条文を中心に議論を構成するようにし，発展可能な基礎が身に付くように配慮しました。さらに，法的思考力を養う観点から，多くのケースを取り上げ，また，応用的な知識について，コラムを設け，解説を加えました。

　なお，本書は，単元ごとに独立した解説として構成されています。そのため，本書を講義で用いる場合は，必ずしも全ての範囲を詳細に扱う必要はなく，適宜取捨選択していただいて問題ありません。

　民法の学習は，一朝一夕で成るものではなく，本書で学ばれた皆さんは，さらに各分野の専門書に学ぶこともあるかもしれません。そのような場合でも，本書で学んだ基礎があれば，より高い理解に到達することができるはずです。

　最後に，完成した本書を見れば，大学で専門科目として民法を学ぶ人だけでなく，各種士業，企業法務従事者，資格試験受験者等広範な人に役立ちうるも

のとなったように思われます。本書によって，新しい民法の学習が少しでも実り多きものとなるならば，執筆者としてこれに勝る喜びはありません。

　平成30年6月

執筆者一同

目　　次

第1編　民法総則

第1章　意思表示

1　意義 ……………………………………………………………………… 2
　　　コラム　意思能力　　3
　　　コラム　成人年齢の引き下げ　　4

2　意思表示に共通する問題 ………………………………… 6
　　(1)　心裡留保（しんりりゅうほ）　　7
　　(2)　通謀虚偽表示（つうぼうきょぎひょうじ）　　8
　　(3)　錯誤（さくご）　　9
　　(4)　詐欺（さぎ）・強迫（きょうはく）　　11
　　　コラム　私的自治の原則と公序良俗　　13
　　　【意思表示の瑕疵・不存在の規律のまとめ】　　14
　　ケース　【動機の錯誤】　　16

第2章　代理

1　自分の力だけで活動することの限界 ………………… 18
　　　コラム　法律要件と法律効果　　18

2　制度の概要 ……………………………………………………… 19
　　　【代理の要件】　　20

3　無権代理 ………………………………………………………… 21
　　(1)　代理行為の帰属関係　　21

⑵　無権代理人の責任　　22

⑶　無権代理人の責任の相続　　23

　　　コラム　信義則（1条2項）　　25

4　表見代理 ･･･ 25

5　代理権の制限 ･･･････････････････････････････････････ 27

⑴　代理権の濫用　　27

　　　コラム　「推定する」と「みなす」の違い　　28

　　　コラム　類推適用　　28

⑵　自己契約・双方代理の禁止　　28

ケース　【代理権の濫用】　　29

第3章　時効

1　継続した事実状態の尊重 ･･････････････････････････ 31

2　時効の援用 ･･ 31

3　当事者 ･･･ 32

4　時効の完成猶予と時効の更新 ･･･････････････････ 32

5　取得時効 ･･･ 34

6　消滅時効 ･･･ 35

ケース　【時効完成後の債務の承認】　　37

　　　コラム　反対解釈　　39

　　　コラム　時効もいろいろ　　39

目　次

第2編　債権総論

第1章　債務不履行に基づく損害賠償請求

コラム　法定利率　42

1　債務不履行の規律 ……………………………… 42

2　履行遅滞と履行不能 …………………………… 43

3　債務者の免責事由 ……………………………… 44

コラム　過失責任主義からの脱却　45

4　損害の賠償 ……………………………………… 46

(1)　損害　46

(2)　賠償範囲　46

コラム　填補賠償の明文化　47

第2章　責任財産の保全

1　責任財産とは …………………………………… 48

2　債権者代位権 …………………………………… 49

(1)　意義　49

(2)　要件　49

(3)　効果　51

(4)　手続　52

3　詐害行為取消権 ………………………………… 52

(1)　意義　52

(2)　要件　53

5

目　次

(3)　効果　56

(4)　手続　57

　　　コラム　保証債務　58

第3編　債権各論

第1章　定型約款

1　約款の意義 ………………………………………………… 60

2　約款の問題性 ……………………………………………… 61

3　内容の適正化 ……………………………………………… 61

4　債権法改正のアプローチ：対象の明確化 ……………… 62

5　約款問題について ………………………………………… 65

第2章　売買契約と解除の規律

1　売買契約の意義 …………………………………………… 66

2　他人物売買の有効性 ……………………………………… 67

3　手付 ………………………………………………………… 67

4　債権法改正による規律の変化 …………………………… 68

　　　コラム　請求権相互の関係　73

　　【売買における債務不履行責任の規律のまとめ】　74

　　【売買契約書の一例】　76

目　　次

第3章　賃貸借契約

1　賃貸借契約の意義 ……………………………………………… 81

2　当事者の義務 ……………………………………………………… 83

⑴　賃貸人の義務　83

　　コラム　建物賃貸借における通常損耗の扱い　84

⑵　賃借人の義務　85

3　賃貸借契約の終了 ……………………………………………… 87

⑴　存続期間の満了　87

⑵　賃借物の全部滅失による終了（616条の2）　87

⑶　契約の解除　87

　　コラム　借地借家法による借地人・借家人の保護　90

4　債権法改正の特徴 ……………………………………………… 91

⑴　契約終了の規律　91

⑵　敷金の規律　92

⑶　妨害排除請求権　92

⑷　賃貸人の地位の留保　93

⑸　存続期間　94

⑹　その他　94

ケース【無断転貸】　95

　　【賃貸借契約書の一例】　97

第4章　請負契約

1　請負の意義 ……………………………………………………… 103

　　コラム　製作物供給契約　103

7

2 **請負の成立** ···································· 104

3 **請負の効力** ···································· 104

(1) 請負人の義務　104

　　コラム　下請負　104

(2) 注文者の義務　105

　　コラム　報酬の定め方　105

4 **仕事完成前の任意解除権** ···················· 106

5 **仕事の完成と所有権の帰属** ················ 106

(1) 引渡しが必要ない場合　106

(2) 引渡しが必要な場合　106

6 **債権法改正の特徴** ···························· 107

(1) 出来高に応じた報酬の支払　107

(2) 請負人の担保責任　108

ケース　【追完請求】　108

ケース　【工作物についての契約不適合】　110

ケース　【期間制限】　112

　　コラム　請負契約の規律　114

　　コラム　組合契約の規律　114

第4編　家族法

第1章　親族法

1 **家族の法** ···································· 116

目　次

2　戦前の家族法──「家」制度への立脚 ……………………… 116

3　夫婦 …………………………………………………………………… 117

⑴　婚姻　　117

⑵　婚姻予約　　118

⑶　準婚理論──多様なパートナーと法的保護のあり方　　118

⑷　再婚禁止期間　　120

⑸　離婚　　121

第2章　相続

1　相続制度の意義 ………………………………………………… 123

2　相続の基本的な仕組み …………………………………… 124

⑴　相続人　　124

　　コラム　限定承認は使いにくい!?　　128

　　コラム　家庭裁判所を使わない「放棄」?　　129

⑵　相続財産の帰属　　130

　　コラム　非嫡出子の相続分　　133

⑶　相続人のあることが明らかでない場合　　135

3　相続法改正の基本的な方向性 ……………………… 136

⑴　配偶者居住権　　136

⑵　持戻し免除の推定　　137

⑶　預貯金債権の払戻し　　138

⑷　一部分割　　141

⑸　遺言の要式性の緩和　　141

⑹　遺留分減殺請求権の価値請求権化　　146

目　次

　　条文索引　　149

　　事項索引　　153

第1編 民法総則

　私たちの社会生活において，最も基本的な法律として民法があります。他の科目を学習するにあたってもとても重要な法律といえます。

　この章では，そうした民法の基礎にある共通ルールを学びます。多くの場面に共通するルールのため，抽象的な議論もありますが，民法（さらには法律一般）を学ぶ上で，是非とも理解しておきたい理論が多くあります。

第**1**編　民法総則

第1章
意思表示

1　意義

　私たちは，日常生活においても，売買契約や賃貸借契約などの契約を結ぶことによって財産関係を築いています。この契約は，両当事者の意思表示が合致することによって成立する法律行為といわれています。

　たとえば，売買契約については，民法は「第3編　債権」「第2章　契約」の「第3節　売買」に定めをおいています。そして，その最初の規定（冒頭規定）である民法555条に成立要件が定められていると考えられています。

（売買）

民法555条

　売買は，当事者の一方がある財産権を相手方に移転することを約し，相手方がこれに対してその代金を支払うことを約することによって，その効力を生ずる。

　ここでは当事者の一方による財産権を移転するという意思の表示と他方当事者による代金を支払うという意思の表示が合致することが想定されています。意思の表示が合致することで「約束」（合意）となります。

　この条文から，売買契約では，財産権移転約束と代金支払約束の双方があれば，財産権移転義務と代金支払義務という義務が発生すると解釈することができます。これを法律効果といいます。

　つまり，冒頭規定には，契約の成立要件と法律効果が定められているという

ことです。

　ここで，「この物を売ります。」という財産権移転の意思表示は，財産権移転義務という法律効果を発生させる意思を表示するものと説明できます。すなわち，意思表示とは，権利を変動させる法律効果を発生させようとする意思を外部に表示する行為と定義できます。

【売買契約における意思表示の合致】

このキャベツを 100 円で売ります。

そのキャベツを 100 円で買います。

当事者A　　　　　　　　　　　　　　　　　　　　　　　　当事者B

●コラム●　**意思能力**　　　　　　　　　　　　　column

　意思表示をした時にその当事者に意思能力がなければ，法律行為は無効となります（3条の2）。では，意思能力とは何かというと，実は見解が分かれています。

　1つは，人が一般的な属性として有している事理弁識能力であると捉える見解があります。この見解によれば，小学校に入学する程度（6，7歳程度）の知的・精神的成熟度が目安となりますが，成長の度合いは個人差がありますから，一律に決定されるわけではありません。

　ほかには，人が法律行為をすることの意味を理解する能力と捉える見解があります。いわば法律行為の結果を理解しているかということを重視する見解ですが，この見解からは，法律行為が単純なものから複雑なものま

第1編　民法総則

で様々であることから，法律行為ごとに，意思能力があるかが判断されることになります。

　見解の一致はなく，債権法改正の立法担当者によれば，引き続き解釈に委ねられるものとされています（一問一答14頁）。

　とはいえ，この2つの見解は必ずしも互いに相反するというわけでもありません。さしあたっては，〔1〕人の精神的な成熟度と法律行為の内容によって，判断が分かれうること，〔2〕意思能力がないことの立証は困難であること，を押さえておけば十分でしょう。

●コラム●　成人年齢の引き下げ　　　column

　未成年者は，制限行為能力者とされ，単独で行った法律行為を取り消すことができるものとされています（5条1項・2項）。

（未成年者の法律行為）

民法5条

1項　未成年者が法律行為をするには，その法定代理人の同意を得なければならない。ただし，単に権利を得，又は義務を免れる法律行為については，この限りでない。

2項　前項の規定に反する法律行為は，取り消すことができる。

3項　第1項の規定にかかわらず，法定代理人が目的を定めて処分を許した財産は，その目的の範囲内において，未成年者が自由に処分することができる。目的を定めないで処分を許した財産を処分するときも，同様とする。

　これは，判断能力が不十分な未成年者を保護する趣旨です。近年は，そうした保護の要請の他に，不完全ながら有する本人の能力をできる限り活かそうとするノーマライゼーションの考え方も取り入れられています。

　日本では，20歳未満の者を未成年者としてきました。

第 1 章　意思表示

（成年）

民法 4 条　年齢 20 歳をもって，成年とする。

　世界的には，18 歳をもって成年とすることが多いとされています。そのため，憲法改正など重要な問題を決定するにあたって，20 歳以上の者にしか選挙権を与えていないことが問題となりました。こうした流れの中で 2007 年に成立した国民投票法は，投票年齢を 18 歳以上と定めるに至りました。

（投票権）

国民投票法 3 条　日本国民で年齢満 18 年以上の者は，国民投票の投票権を有する。

　そして，公職選挙法も改正され，選挙権は 18 歳以上の者に認められることになりました。

（選挙権）

公職選挙法 9 条
1 項　日本国民で年齢満 18 年以上の者は，衆議院議員及び参議院議員の選挙権を有する。
2 項　日本国民たる年齢満 18 年以上の者で引き続き 3 箇月以上市町村の区域内に住所を有する者は，その属する地方公共団体の議会の議員及び長の選挙権を有する。
3 項　日本国民たる年齢満 18 年以上の者でその属する市町村を包括する都道府県の区域内の 1 の市町村の区域内に引き続き 3 箇月以上住所を有していたことがあり，かつ，その後も引き続き当該都道府県の区域内に住所を有するものは，前項に規定する住所に関する要件にかかわらず，当該都道府県の議会の議員及び長の選挙権を有する。
4 項・5 項（略）

第1編　民法総則

　こうした流れから，民法についても，成人年齢を18歳に引き下げる法案が国会に提出されることが検討されています。

　成人年齢については，①どの年齢から判断能力が十分と扱うべきか，という問題と，②どの年齢から身体が十分に成熟したといえるか，という問題が混在しています。そして，従来の20歳成人という制度では，この双方を充たすことには問題はなかったといえるでしょう。これに対し，18歳に成人年齢を引き下げる場合は，②の問題について，慎重な考慮が必要になるものと思われます。

　たとえば，酒やたばこについて，18歳で身体が十分に成熟したものと扱ってよいかは，今後議論を深めなければならない課題です。これは，従来は統一されていた成人年齢が，場面ごとに異なって設定される可能性があることを意味します。

2　意思表示に共通する問題

　個人はみずからの意思に基づいて自分の生活関係を形成することができます。これを私的自治の原則といいます。

　私的自治の原則は不文の原則として認められています。そこから，自分の意思で決めたことには，拘束されるという原理（**自己決定に基づく自己責任の原理**）が導かれます。

　逆にいえば，自分の意思で決めたわけでもないのに，契約によって拘束を受けるのはおかしいということになります。

　他方で，自分の意思で意思表示をしたとしても，実際には，嘘をつかれたりしたことによって不本意な意思表示をしてしまう場合があります。民法は，「第1編　総則」「第5章　法律行為」「第2節　意思表示」にそのような場合に共通するルールを定めました。

第1章 意思表示

(1) 心裡留保 (しんりりゅうほ)

> **(心裡留保)**
>
> **民法93条**
>
> 1項　意思表示は，表意者がその真意ではないことを知ってしたときであっても，そのためにその効力を妨げられない。ただし，相手方がその意思表示が表意者の真意ではないことを知り，又は知ることができたときは，その意思表示は，無効とする。
>
> 2項　前項ただし書の規定による意思表示の無効は，善意の第三者に対抗することができない。

　心裡留保とは，真意でない意思表示で，表意者が表示と真意の不一致を認識している場合をいいます。

　心裡留保は，たとえば，冗談を言うような場合がこれに当たります。

　みずから真意でない意思表示をしているのですから，意思表示をした者は意思表示について責任を負うべきです。そこで，心裡留保による意思表示は，原則として，**有効**です（93条1項本文）。

　もっとも，明らかに冗談と分かる意思表示まで保護する必要はありません。そこで，心裡留保による意思表示は，その真意でないことを相手方が認識しているか（**悪意**），または，認識することができたとき（**有過失**）には，無効となります（93条1項ただし書）。

　さらに，意思表示は当事者間だけの問題ではなく，そのような意思表示がなされたことを信頼した第三者が関係してくることがあります。このような第三者を保護すべき場合には，心裡留保をした者は自分の意思表示に責任を負うべきです。そのため，相手方が悪意ないし有過失であったとしても，意思表示が真意と異なることを知らない（**善意**の）第三者に対しては，意思表示をした者は意思表示の無効を主張することはできません（93条2項）。

(2) 通謀虚偽表示（つうぼうきょぎひょうじ）

> **（虚偽表示）**
> 民法94条
> 1項　相手方と通じてした虚偽の意思表示は，無効とする。
> 2項　前項の規定による意思表示の無効は，善意の第三者に対抗することができない。

通謀虚偽表示とは，真意でない意思表示をすることについて，意思表示をする者と相手方に合意（通謀）があった場合をいいます。ここでは，①**虚偽の意思表示**と②**通謀**があることが要素となります。

たとえば，多額の借金を負った者が，差押えを免れるために，みずからが所有する土地を相手方に対して売却するような場合が，これに当たります。

通謀虚偽表示における虚偽の意思表示は，保護に値しません。そのため，通謀虚偽表示は無効です（94条1項）。

【通謀虚偽表示と第三者】

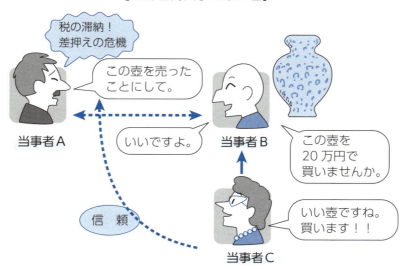

第1章　意思表示

　しかし，意思表示を信頼した者は保護されるべきです。このような善意の第三者を保護することによって意思表示を信頼して取引に入ることができ，取引の安全を図ることができるとされています。すなわち，当事者は，善意の第三者に対して，通謀虚偽表示であることによる無効を主張することはできません（94条2項）。

(3)　錯誤（さくご）

（錯誤）

民法95条

1項　意思表示は，次に掲げる錯誤に基づくものであって，その錯誤が法律行為の目的及び取引上の社会通念に照らして重要なものであるときは，取り消すことができる。

　一　意思表示に対応する意思を欠く錯誤

　二　表意者が法律行為の基礎とした事情についてのその認識が真実に反する錯誤

2項　前項第2号の規定による意思表示の取消しは，その事情が法律行為の基礎とされていることが表示されていたときに限り，することができる。

3項　錯誤が表意者の重大な過失によるものであった場合には，次に掲げる場合を除き，第1項の規定による意思表示の取消しをすることができない。

　一　相手方が表意者に錯誤があることを知り，又は重大な過失によって知らなかったとき。

　二　相手方が表意者と同一の錯誤に陥っていたとき。

4項　第1項の規定による意思表示の取消しは，善意でかつ過失がない第三者に対抗することができない。

　錯誤とは，真意と異なることを認識することなく，真意と異なる意思表示をした場合をいいます。

　不本意な意思表示をした場合ということになりますが，たとえば，「ナガノパ

ープル」を買おうとして，間違って「ピオーネをください。」と言ってしまった場合がこれに当たります。

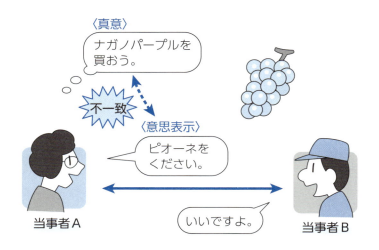

　錯誤による意思表示をした者は，ある程度は保護すべきですが，重要でない要素まで「真意でない」として覆すことを認めると，**取引の安全**が害されてしまいます。そこで，意思表示に対応する意思を欠く錯誤（95条1項1号）については，その錯誤が**法律行為の目的**及び**取引上の社会通念**に照らして重要なものであるときは，取り消すことができます（同項柱書）。なお，社会通念とは一般的な社会常識といった意味合いになります。

　錯誤については，表意者が法律行為の基礎とした事情についてその認識が真実に反する錯誤（動機の錯誤）もありますが，こちらについては独特の規律があるので，後で説明します。

　重要な錯誤がある場合であっても，意思表示をした者に重大な落ち度（**重過失**）があった場合には，意思表示を取り消すことはできません（95条3項）。

　ただし，相手方が意思表示をした者に錯誤があることを知り（**悪意**），または，**重過失**によって知らなかった場合は，もはやそのような意思表示を維持すべき利益がありませんので，意思表示を取り消すことができます（95条3項1

第1章 意思表示

号，柱書）。これは，意思表示をした者と相手方が同じ誤解をしていた場合（**共通錯誤**）でも同じです（同項2号，柱書）。

　錯誤による意思表示においても第三者の利益を無視することはできません。そのため，錯誤による意思表示の取消しは，**善意無過失の第三者**に対して主張（対抗）することはできません（95条4項）。

(4) 詐欺（さぎ）・強迫（きょうはく）

（詐欺又は強迫）

民法 96 条

1項　詐欺又は強迫による意思表示は，取り消すことができる。

2項　相手方に対する意思表示について第三者が詐欺を行った場合においては，相手方がその事実を知り，又は知ることができたときに限り，その意思表示を取り消すことができる。

3項　前2項の規定による詐欺による意思表示の取消しは，善意でかつ過失がない第三者に対抗することができない。

　だまされた場合（**詐欺**）や無理強いされた場合（**強迫**）にも，意思表示は不完全であるといえます。「強迫」は刑法の「脅迫」とは表記が異なるので注意してください。

　詐欺または強迫による意思表示は取り消すことができます（96条1項）。

　詐欺を働いた者については意思表示を取り消すことには問題ありませんが，詐欺をしたのが第三者である場合があります。**第三者が詐欺を行った場合**は，意思表示をした相手方が詐欺の事実を知り（悪意），または，知ることができた場合（有過失），意思表示を取り消すことができます（96条2項）。

　ここでも，意思表示を信頼した第三者への配慮を欠かすことはできません。すなわち，詐欺による意思表示の取消しは**善意の第三者**に主張（対抗）することはできません（96条3項）。

　これに対して，強迫については，意思表示をした者は無理強いされたのです

第1編 民法総則

から，責任を負わせることはできません。強迫を受けた者に責任を負わせると，私的自治の原則に反することになります。そのため，第三者の詐欺に相当する規律や善意の第三者への主張を制限する規律は定められていません。

詐欺によって誤った意思表示をした者については，私的自治の原則との関係では，嘘の情報を信じてしまったことについてのみずからの判断ミスがあるため，やむを得ないと考えることになります。これについて，「詐欺にあった者は欲深いためやむを得ないのだ。」と答える学生がいますが，正確ではありません。民法は利益を追求すること自体を非難しているわけではなく，他者との利益考量（比較）との関係で，結果的に特定の者との関係で保護されなくなるにすぎません。

第1章 意思表示

●コラム● 私的自治の原則と公序良俗　　column

　私的自治の原則があるとしても，個人の法律行為の内容が公の秩序や善良の風俗（公序良俗）に反する場合は，法的な効力は認められません。

（公序良俗）

民法 90 条　公の秩序又は善良の風俗に反する法律行為は，無効とする。

　公序良俗といっても抽象的なので，学説はこれを類型分けして整理してきました。

　1つは，犯罪・社会道徳に関する類型で，①正義の観念に反するもの，②人倫に反するもの，③個人の自由を極度に制限する行為，④憲法上保護された人権を侵害する行為・平等原則違反等があります。②の具体例としては，愛人関係が継続している間は金銭を返還しなくてよいとする合意を無効とした判例があります（大判昭和9年10月23日）。

　2つ目としては，暴利行為と呼ばれる類型があります。暴利行為とは，他人の窮迫，軽率，経験不足等につけ込んで，著しく不相当な財産的給付を約束させる行為をいいます（最判昭和32年9月5日参照）。

　従前は，法律行為の内容を問題とするかのような文言（「…事項を目的とする」）でしたが，判例は動機が不法である場合に相手方が動機を知っている場合などに，法律行為を無効としていました（最判昭和47年4月25日，最判昭和61年9月4日）。そのため，債権法改正では，文言を修正しました。

　こうした対象の広い条項（一般条項と呼ばれます）は，広く適用されるものではないことに注意してください。民法は，詳細な個別の条項を定めており，まずは個別の条項の解釈・適用で解決できないかを考えるべきです。そうした個別条項の規律外の事項について，いわば最後の手段として使われるのが，公序良俗を始めとする一般条項です。

13

【意思表示の瑕疵・不存在の規律のまとめ】

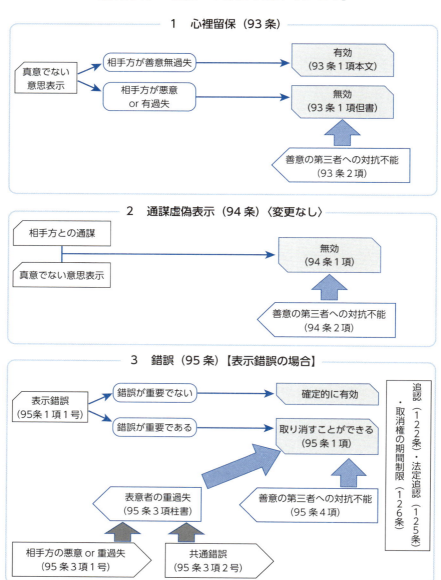

第1章 意思表示

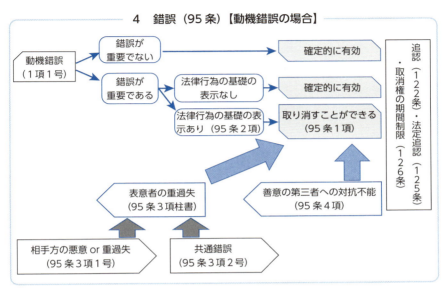

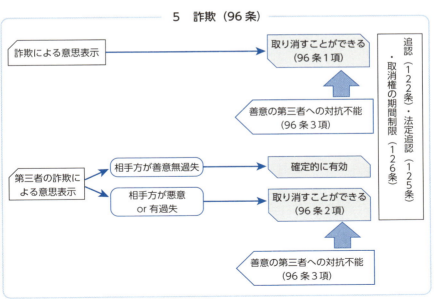

第1編 民法総則

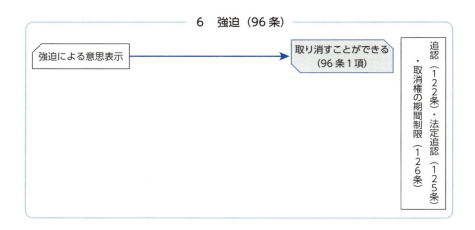

●ケース● 動機の錯誤

　XはYと婚姻関係にありながら，他の女性と関係を持ち，それがYに知れることとなった。そのため，YからXに離婚の申し入れがなされたが，Xはこれに応じることとした。Xは，Yが今まで住んでいた建物に住んで2人の子供を育てていきたいというのを聞き，その条件を全面的に受け入れて離婚条件とした。Xは，この財産分与によってYに多額の課税があることを心配し，Yに対して，これを気遣う発言をしていた。ところが，離婚後，法律に詳しい上司から，財産分与への課税は渡した側にかかるのではないかと言われ，Xははじめて自分に2億2224円もの課税が生じることに気づいた。

　Xは，この財産分与に錯誤があるとして取り消すことはできるか。

（最判平24をベースにした事案）

　財産分与への課税がXではなくYにかかるというのは，Xが法律行為の基礎とした事情であって，その認識が真実に反する錯誤にあたるため，95条1項2号に定められた動機錯誤があるといえます。

第1章　意思表示

　動機錯誤については，その事情が法律行為の基礎とされていることが表示されていたときに限り，取り消すことができます（95条2項）。

　ここで，「表示されていた」とは，明示的に表示されていたときだけでなく，黙示的に表示されていた場合が含まれます。

　このケースのベースとなった事案について，最高裁は，Xは自己に課税されないことを前提とし，これを黙示的には表示していたとして，錯誤として意思表示を覆すことを認めました（なお，当時は，意思表示は「無効」になるという規律でした）。

17

第1編　民法総則

第2章
代理

1　自分の力だけで活動することの限界

　民法は，自己決定に基づく自己責任の考え方を基本としていますが，それを徹底するならば，個人の活動が自分1人で決済できる範囲に限られてしまうことになります。

　そのような不都合に対応するため，民法は代理の制度を用意しました。代理制度を使う場合，本人が自らの代わりに意思表示を行う（法律関係を決定する）代理人に任せることを自己決定すれば，その代理人の行った法律行為の効果はその本人に帰属することになります。これは，**私的自治の拡張**の場面といえます。

　また，人の判断能力には限界があり，加齢とともに判断能力が衰えた場合など，他者（保護者）のサポートが必要な場合があります。私的自治の原則は，個人が自分で判断することができる能力があることを想定していますから，この場面で代理制度を用いる場合は，**私的自治の補充**の場面といえます。

●コラム●　法律要件と法律効果　　column

　条文では，ある条件があれば，特定の結果が生じると定められていることがあります。たとえば，709条は，以下のように定めています。

第2章　代理

（不法行為による損害賠償）

第709条　故意又は過失によって他人の権利又は法律上保護される利益を侵害した者は，これによって生じた損害を賠償する責任を負う。

　ここでは，①故意又は過失，②他人の権利・法律上保護される利益の侵害，③損害の発生，④因果関係（「よって」）という条件があれば，⑤「損害を賠償する責任を負う」という結果が生じることが定められています。この①～④の条件を（法律）要件といいます。そして，その要件があることによって生じる結果を（法律）効果といいます。

　第1章で出てきた売買（555条）についてみれば，財産権移転約束と代金支払約束が要件であり，財産権移転義務と代金支払義務が効果ということになります。

　以下では，この要件と効果という概念を使って，説明していくことになります。

2　制度の概要

　代理では，本人・代理人・相手方という3者の関係が想定されます。

　本人が他人である代理人に意思表示をしてもらうという場合，相手方にとって本人がその代理人を使うという意思決定をしたことが明らかでなければ，代理人と詐称した者によって意思表示が行われるおそれがあります。そこで，代理の要件は次のように組み立てられています。

（代理行為の要件及び効果）

第99条

1項　代理人がその権限内において本人のためにすることを示してした意思表示は，本人に対して直接にその効力を生ずる。

2項（略）

19

第1編　民法総則

> 【代理の要件】
> ①　代理人による法律行為（**代理行為**）があったこと
> ②　「本人のためにすることを示してした」こと（**顕名**）
> ③　①に先立って，本人が代理人に代理権を授与したこと（**先立つ代理権授与行為**）

　②顕名がなければ，相手方は，代理として行われていることが分かりませんから，重要な要件です。代理人が顕名をしなかったときは，相手方はその代理人が本人として法律行為をしたと考えるのが通常ですから，代理人が自らのために意思表示したものとみなされます（100条本文）。もっとも，その代理行為が代理人以外の本人のためにされていることを相手方が知っていたか（**悪意**），または，知ることができた（**有過失**）場合は，代理行為の効果は本人に及びます（100条ただし書）。

> **（本人のためにすることを示さない意思表示）**
> **第100条**　代理人が本人のためにすることを示さないでした意思表示は，自己のためにしたものとみなす。ただし，相手方が，代理人が本人のためにすることを知り，又は知ることができたときは，前条第1項の規定を準用する。

　ここで，代理行為の効果が本人に及ぶ（本人が責任等を負う）ことを**効果が帰属する**と説明します。

　これが原則的な顕名についての規律ですが，判例上，代理人が書面に自分の名前を記載しないで本人の名前を記入すること（**署名代理**）も認められています（大判大正4年10月30日）。こちらは，特殊なルールであるといえるでしょう。

　③代理権授与行為については，本人と代理人との関係で行われるため，そのままでは相手方は直接観察できないことになります。そのため，委任状などの代理権授与行為を証する証拠を確認することが重要となります（日本では，本人の印鑑が捺印されていることが取引慣例上重視されています）。

代理の構造を図で示すと次のようになります。

【代理の構造】

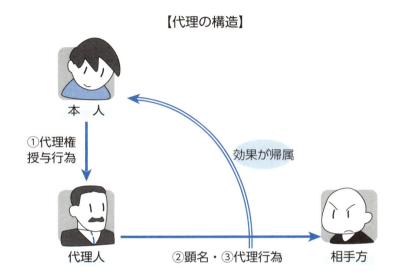

3 無権代理

(1) 代理行為の帰属関係

無権代理とは，本人が代理権を授与していなかった場合や代理人が与えられた代理権を超えて代理行為をした場合をいいます。

もっとも，事後的にでも本人がその代理人による代理行為を認めるのならば，通常の代理の場合と同じに扱って問題ありません。そこで，無権代理についての民法の規律は次のように設計されています。

> **（無権代理）**
> 第113条
> 1項　代理権を有しない者が他人の代理人としてした契約は，本人がその追認をしなければ，本人に対してその効力を生じない。
> 2項　追認又はその拒絶は，相手方に対してしなければ，その相手方に対抗する

第1編　民法総則

> ことができない。ただし，相手方がその事実を知ったときは，この限りでない。

　無権代理は原則として本人に効果が帰属しないが，本人が追認すれば，効果帰属が認められます（113条1項）。

　ここで，追認は，本来代理行為の効果が帰属しないものを効果帰属させるものですから，それ自体が独立の意思表示です。その意思表示は相手方に分からなければ意味がありません。そこで，追認は相手方に対してしなければ，その効果を主張（対抗）することはできません（113条2項本文）。ただし，相手方が追認の事実を知った（悪意）場合には，代理行為の効果は本人に帰属します（同項ただし書）。

(2)　無権代理人の責任

　無権代理が行われると代理制度への信頼や取引の安全が害されます。そこで，無権代理人には，落ち度がなかったとしても一定の責任が認められています（無過失責任といいます）。

（無権代理人の責任）

第117条

1項　他人の代理人として契約をした者は，自己の代理権を証明したとき，又は本人の追認を得たときを除き，相手方の選択に従い，相手方に対して履行又は損害賠償の責任を負う。

2項　前項の規定は，次に掲げる場合には，適用しない。

　一　他人の代理人として契約をした者が代理権を有しないことを相手方が知っていたとき。

　二　他人の代理人として契約をした者が代理権を有しないことを相手方が過失によって知らなかったとき。ただし，他人の代理人として契約をした者が自己に代理権がないことを知っていたときは，この限りでない。

　三　他人の代理人として契約をした者が行為能力の制限を受けていたとき。

第2章　代理

この規定の書き方は，原則として履行又は損害賠償の責任が生じることになり，無権代理人の側で，代理権があった（有権代理であった）ことや追認があったことを主張・立証しなければならないことを意味します。

例外として，代理行為の相手方が保護に値しない場合が定められています。①他人の代理人として契約をした者が代理権を有しないことを相手方が知っていたとき（117条2項1号），②他人の代理人として契約をした者が代理権を有しないことを相手方が過失によって知らなかったとき（同項2号本文），です。②については，他人の代理人として契約をした者が自己に代理権がないことを知っていたときは，例外となりません（同項2号ただし書）。

さらに，無権代理人を特に保護すべき場合として，③他人の代理人として契約をした者が行為能力の制限を受けていたときが定められています（同項3号）。

(3)　無権代理人の責任の相続

人の死亡によって相続が発生します（882条）。

相続が発生すると，亡くなった人（被相続人）の財産に帰属した一切の権利義務は相続人が承継します（896条本文）。これを**包括承継**といいます。いわば，相続人は被相続人と同じ立場に立つわけです。

例外として，被相続人の一身に専属したもの（**一身専属権**）はこの限りでないとされています（同条ただし書）。

（相続の開始）

第882条　相続は，死亡によって開始する。

（相続の一般的効力）

第896条　相続人は，相続開始の時から，被相続人の財産に属した一切の権利義務を承継する。ただし，被相続人の一身に専属したものは，この限りでない。

代理行為が行われた場合，本人の地位や無権代理人の地位は被相続人の一身

に専属するものではないため，相続によって包括承継されることになります。ここで，誰が相続するのかに関連して複雑な問題が生じます。その一部について，ここで紹介しておきます。

　まず，（ⅰ）無権代理人が本人を単独で相続した場合は，本人が自ら法律行為をしたのと同様な法律上の地位を生じます（最判昭和40年6月18日）。いわば，強制的に追認させられるのと同じことになるわけです。

　これに対して，（ⅱ）無権代理人が本人を他の相続人とともに共同で相続した場合は，共同相続人全員が追認しない限り，代理行為の効果は相続人に帰属しません（最判平成5年1月21日）。追認権は，不可分の権利であって共同相続人全員が共同して行使しなければなりません。そのため，相続人の1人が無権代理人であったとしても，他の相続人には選択権が残ることになるわけです。なお，無権代理人自身は(信義則上)追認を拒絶できませんが，他の相続人の1人でも追認に反対すれば，無権代理人の相続分においても，追認を拒絶したことになります。

　本人が追認を拒絶すれば，効果が帰属しないことが確定します。そのため，（ⅲ）本人が追認を拒絶した場合には，その後に無権代理人が本人を相続しても，無権代理行為の効果は帰属しません（最判平成10年7月17日）。

　（ⅳ）無権代理人を本人が相続した場合，本人は追認を拒絶しても信義則に反しません（最判昭和37年4月20日）。しかし，この場合でも，本人は無権代理人の責任を承継してしまいます（最判昭和48年7月3日）。

第2章 代理

●コラム● 信義則（1条2項）

column

　信義誠実の原則（信義則）は，私人間の関係を規律するルールとして，広く適用されうるものです。信義則に反する権利行使等は許されません。また，信義則によって何らかの義務が発生することがあります。さらには，契約の文言を解釈する際に，信義則が考慮されることがあります。

　とはいえ，このような抽象的な内容を持つ「一般規範」を広く適用すると，予測可能性が害されてしまうという問題もあります。そこで，信義則は，契約内容が不明確な場合や，直接規律する条文がないときに，補充的に適用されるべきものとされています。

4 表見代理

　何らかの外形を作出した者に帰責性があるときは，行為の外形を信頼した者を保護すべきものとされています。これを権利外観法理といいます。

　民法は，このような権利外観法理に基づいて，無権代理について，その効果を帰属させる制度を用意しました。これが表見代理です。

　まず，代理権を授与した旨の表示をした者について，善意無過失の第三者との関係では，その代理権の範囲で効果が帰属します（109条1項）。

　次に，代理人が権限外の行為を行った場合，第三者が代理人の権限があると信ずべき正当な理由があるときは，効果が帰属します（110条）。本人は，このような代理人を使った点で，代理人の権限があると信ずべき正当な理由がある第三者よりも，要保護性が下がると考えられています。

　また，代理権が消滅した場合であっても，第三者が善意無過失で代理権が消滅したことを知らなかったときは，効果が帰属します（112条1項）。

　さらに，これらが組み合わさった場合について，重畳（ちょうじょう）適用の規定が用意されています（109条2項，112条2項）。

第1編 民法総則

（代理権授与の表示による表見代理等）

第109条

1項　第三者に対して他人に代理権を与えた旨を表示した者は，その代理権の範囲内においてその他人が第三者との間でした行為について，その責任を負う。ただし，第三者が，その他人が代理権を与えられていないことを知り，又は過失によって知らなかったときは，この限りでない。

2項　第三者に対して他人に代理権を与えた旨を表示した者は，その代理権の範囲内においてその他人が第三者との間で行為をしたとすれば前項の規定によりその責任を負うべき場合において，その他人が第三者との間でその代理権の範囲外の行為をしたときは，第三者がその行為についてその他人の代理権があると信ずべき正当な理由があるときに限り，その行為についての責任を負う。

（権限外の行為の表見代理）

第110条　前条第1項本文の規定は，代理人がその権限外の行為をした場合において，第三者が代理人の権限があると信ずべき正当な理由があるときについて準用する。

（代理権消滅後の表見代理等）

第112条

1項　他人に代理権を与えた者は，代理権の消滅後にその代理権の範囲内においてその他人が第三者との間でした行為について，代理権の消滅の事実を知らなかった第三者に対してその責任を負う。ただし，第三者が過失によってその事実を知らなかったときは，この限りでない。

2項　他人に代理権を与えた者は，代理権の消滅後に，その代理権の範囲内においてその他人が第三者との間で行為をしたとすれば前項の規定によりその責任を負うべき場合において，その他人が第三者との間でその代理権の範囲外の行為をしたときは，第三者がその行為についてその他人の代理権があると信ずべき正当な理由があるときに限り，その行為についての責任を負う。

第2章 代理

　これらは，**善意無過失**や**正当な理由**（実質的に善意無過失の判断と重なります）の判断において，第三者が有権代理であると信じたことについて，相当な事情があるかが判断されますので，むやみに効果が帰属する場面が広がるわけではありません。あくまで，上記の権利外観法理の妥当する範囲で**例外的に効果を帰属させる制度**となっていることに注意してください。

5　代理権の制限

(1)　代理権の濫用

> **（代理権の濫用）**
>
> 第107条　代理人が自己又は第三者の利益を図る目的で代理権の範囲内の行為をした場合において，相手方がその目的を知り，又は知ることができたときは，その行為は，代理権を有しない者がした行為とみなす。

　代理人が自己または第三者の利益を図る目的で代理権の範囲内の行為をした場合，相手方がその目的を知り（**悪意**），または，知ることができたとき（**有過失**）は，その行為は，無権代理とみなされます（107条）。

　行為を客観的にみれば，代理行為の要件をみたしているため法的効果は帰属するのですが，代理権を濫用する代理人には，本人に**経済的な利益**を帰属させる意思がありません。そのため，心裡留保（93条1項ただし書）と同じような利益状況にあるため，同様の規律が用意されています（従来は，93条1項ただし書を「類推適用」するとされていました）。

　なお，債権法改正では，代理権濫用の効果を無権代理行為とみなすことと定めました。これによって，本人が追認（113条，116条）することができますので，より柔軟な解決が可能となったとされています（一問一答32頁）。

第1編 民法総則

●コラム● 「推定する」と「みなす」の違い　column

条文に「推定する」とある場合は，反対の事情を主張することで，効果を発生させないことが認められる余地があります。これに対して，「みなす」となっている場合は，反対の事情があることを主張しても，効果の発生を防ぐことはできません。

●コラム● 類推適用　column

民法などの私人（これに対する概念が「国」などの公人です）と私人との間の法律関係を扱う「私法」では，類推適用が行われることがあります。

すべての私人間の法律関係を条文で定めることは不可能ですし，条文で定めたルールしか用いないとすると，硬直的であり，脱法が容易になってしまいます。そこで，ある条文が定める規範（ルール）について，それと同じような利益状況において，その規範を解釈によって導くことが行われることがあります。これが類推適用です。

類推適用をするには，①ある条文が直接適用されないこと，②その条文と利益状況が本質的な点で同一であること（これを「類推の基礎がある」といいます）が必要です。

(2)　自己契約・双方代理の禁止

（自己契約及び双方代理等）

第108条

1項　同一の法律行為について，相手方の代理人として，又は当事者双方の代理人としてした行為は，代理権を有しない者がした行為とみなす。ただし，債務の履行及び本人があらかじめ許諾した行為については，この限りでない。

第2章 代理

2項 前項本文に規定するもののほか，代理人と本人との利益が相反する行為については，代理権を有しない者がした行為とみなす。ただし，本人があらかじめ許諾した行為については，この限りでない。

代理人自身が代理行為の相手方となることはできず（自己契約），また，本人と相手方の双方の代理人となることもできません（双方代理）。これらの場合は，原則として，無権代理行為とみなされます（108条1項本文）。もっとも，本人があらかじめ許諾していた行為の効果は帰属します（同項ただし書）。

さらに，代理人と本人の利益が反する行為（利益相反行為）についても，原則として，無権代理とみなされます（108条2項本文）。もっとも，本人があらかじめ許諾していた行為の効果は帰属します（同項ただし書）。

利益相反取引に当たるかは，外形的・客観的に判断され，代理人の動機や目的は考慮されません（最判昭和37年10月2日）。代理人の動機や目的は代理権の濫用の場面で考慮されることになります。

●ケース● 代理権の濫用　　case

Aは，食料品の販売会社であるY会社の製菓原料の仕入れ・販売の主任であった。Aは，Y会社の元主任であるBに誘われて他へ転売して利益を自分たちのものとしようと考え，X会社から練乳を仕入れて転売して利益を取得した。

この取引に関与したX会社の支配人Cは，Aの目的を知っていた。

X会社から練乳の代金を請求された場合，Y会社はこれを拒むことができるか。

（最判昭42・4・20をベースにした事案）

ここでは，代理権の濫用（107条）の要件をみたすかが問題となります。

代理人であるAは，製菓原料の仕入れ・販売の主任であったため，練乳とい

29

第1編　民法総則

う製菓原料の仕入れについては，権限内の行為であったといいます。また，A
は，転売して利益をA・Bのものとしようと考えていたのですから，自己（A）
または第三者（B）の利益を図る目的があります。

これに対して，X会社は，関与した支配人Cが悪意です。支配人は，かなり
広い代理権が許された代理人のような存在で，「支配人は，商人に代わってその
営業に関する一切の裁判上又は裁判外の行為をする権限を有する。」とされてい
ます（商法21条1項）。そして，会社は商人と考えられますので（会社法5条，
商法4条1項），Cは，代理権があるのと同じ扱いとなります。相手方が代理人
に対してした意思表示の効力が悪意であることによって影響を受ける場合は，
悪意の有無は代理人について判断されることになりますので（101条2項），X
会社が悪意であるのと同じことになります。

したがって，107条の要件をみたすため，無権代理となり，Aの行為の効果
はY会社に帰属しません。

第3章

時効

1 継続した事実状態の尊重

　民法における時効とは，継続している事実状態を保護するため，事実状態に対応した権利の取得や権利の消滅を認める制度です。何らかの権利を取得するのが取得時効であり，何らかの権利が消滅するのが消滅時効です。

　時効制度を支える根拠としては，①継続した事実状態の保護のほか，②証拠があっても散逸してしまうことや，③長期間にわたって権利を行使しない者は保護に値しないことも，指摘されます（多元説）。

　時効の効力は，その起算日（スタート地点）にさかのぼります（144条）。たとえば，ある物を長期間所持していたことを理由とする所有権の取得時効では，その物を所持し始めた時点から，その人に所有権があったものとして扱われます。

2 時効の援用

　時効では，類型ごとに様々な時効期間が定められています。

　しかし，期間が経過するだけで時効の効果が認められるのではなく，当事者の援用がなければ裁判所は時効を理由として裁判することができないとされています（145条）。

第**1**編　民法総則

> **（時効の援用）**
>
> **第145条**　時効は，当事者（消滅時効にあっては，保証人，物上保証人，第三
> 　取得者その他権利の消滅について正当な利益を有する者を含む。）が援用しな
> 　ければ，裁判所がこれによって裁判をすることができない。

　これは，時効の援用がなければ，確定的な権利変動が生じないとするものと解されています。

　民法は，時効の利益を受けるかについて，当事者の意思に委ねているということができ，時効の援用は確定的な権利変動を生じる意思表示と位置づけられます。

3　当事者

　ここでいう時効の当事者について，改正法は，消滅時効について，具体的な例示を置き，「正当な利益を有する者」との表現を用いています（145条）。これは，自己の利益が影響を受けるかどうかを考慮する実質に即した表現であるとされています（一問一答42頁）。

4　時効の完成猶予と時効の更新

　時効期間が経過することを時効の完成と呼びます。

　ただし，裁判上の請求などの事情がある場合には，時効期間を経過しても6ヶ月間は，時効は完成しないものと扱われます（147条1項，148条1項，149条，150条1項など）。これが時効の完成猶予です。

　これに対して，時効の更新という制度もあり，これは時効期間が一から再スタートするものです。たとえば判決が所定の期間の経過によって争うことができない状態となった場合などに認められています（147条2項，148条2項，152条1項）。

第3章 時効

（裁判上の請求等による時効の完成猶予及び更新）

第147条

1項 次に掲げる事由がある場合には，その事由が終了する（確定判決又は確定判決と同一の効力を有するものによって権利が確定することなくその事由が終了した場合にあっては，その終了の時から6箇月を経過する）までの間は，時効は，完成しない。

一 裁判上の請求

二 支払督促

三 民事訴訟法第275条第1項の和解又は民事調停法（昭和26年法律第222号）若しくは家事事件手続法（平成23年法律第52号）による調停

四 破産手続参加，再生手続参加又は更生手続参加

2項 前項の場合において，確定判決又は確定判決と同一の効力を有するものによって権利が確定したときは，時効は，同項各号に掲げる事由が終了した時から新たにその進行を始める。

（強制執行等による時効の完成猶予及び更新）

第148条

1項 次に掲げる事由がある場合には，その事由が終了する（申立ての取下げ又は法律の規定に従わないことによる取消しによってその事由が終了した場合にあっては，その終了の時から6箇月を経過する）までの間は，時効は，完成しない。

一 強制執行

二 担保権の実行

三 民事執行法（昭和54年法律第4号）第195条に規定する担保権の実行としての競売の例による競売

四 民事執行法第196条に規定する財産開示手続

2項 前項の場合には，時効は，同項各号に掲げる事由が終了した時から新たにその進行を始める。ただし，申立ての取下げ又は法律の規定に従わないことによる取消しによってその事由が終了した場合は，この限りでない。

第**1**編　民法総則

> **（承認による時効の更新）**
>
> **第152条**
>
> 1項　時効は，権利の承認があったときは，その時から新たにその進行を始める。
>
> 2項　前項の承認をするには，相手方の権利についての処分につき行為能力の制限を受けていないこと又は権限があることを要しない。

5　取得時効

　物を事実上支配していることを占有といいます。所有権の取得時効は，一定期間の占有に加えて，所有の意思がある場合にだけ認められています。

　すなわち，①「20年間，所有の意思をもって，平穏に，かつ，公然と他人の物を占有した者は，その所有権を取得する。」と定められています（162条1項）。また，②「10年間，所有の意思をもって，平穏に，かつ，公然と他人の物を占有した者は，その占有の開始の時に，善意であり，かつ，過失がなかったときは，その所有権を取得する。」と定められています（同条2項）。

> **（所有権の取得時効）**
>
> **第162条**
>
> 1項　20年間，所有の意思をもって，平穏に，かつ，公然と他人の物を占有した者は，その所有権を取得する。
>
> 2項　10年間，所有の意思をもって，平穏に，かつ，公然と他人の物を占有した者は，その占有の開始の時に，善意であり，かつ，過失がなかったときは，その所有権を取得する。

　これが所有権以外の財産権では，「自己のためにする意思」があることが要件となっています（163条）。

> **（所有権以外の財産権の取得時効）**
>
> **第163条**　所有権以外の財産権を，自己のためにする意思をもって，平穏に，かつ，公然と行使する者は，前条の区別に従い20年又は10年を経過した後，そ

34

第3章　時効

> の権利を取得する。

　所有の意思があるかは，占有を取得した原因である事実によって外形的・客観的に判断されます（最判昭和45年6月18日）。たとえば，売買契約は，所有権を取得する契約なので，所有の意思が認められます。これに対して，賃貸借契約は，所有権を取得する契約ではないので，所有の意思が認められないことになります。

　もっとも，占有者は，通常は自分のために，物を所持しています。そこで，「占有者は，所有の意思をもって，善意で，平穏に，かつ，公然と占有をするものと推定する。」と定められています（186条1項）。

（占有の態様等に関する推定）

第186条

1項　占有者は，所有の意思をもって，善意で，平穏に，かつ，公然と占有をするものと推定する。

2項　（略）

　なお，162条2項にいう過失とは，自分に権限があると信じていたことが必要です。疑いをもっている場合（半信半疑の場合）は認められません。

　時効のような制度では，本来の権利者が権利を失い，時効援用権者がゼロから権利を取得するため（原始取得），主観的な要件は厳しくなります。

6　消滅時効

　所有権などの一部の権利を除いて，一定の期間の経過によって，権利が消滅する場合が定められています。その中でも重要なのが，債権の消滅時効です（166条1項）。

　それによると，①「債権者が権利を行使することができることを知った時から5年間行使しないとき。」（同項1号）や②「権利を行使することができる時から10年間行使しないとき。」（同項2号）には，債権は時効によって消滅しま

第**1**編　民法総則

す。

> **（債権等の消滅時効）**
>
> ### 第166条
>
> 1項　債権は，次に掲げる場合には，時効によって消滅する。
>
> 一　債権者が権利を行使することができることを知った時から5年間行使しないとき。
>
> 二　権利を行使することができる時から10年間行使しないとき。
>
> 2項　債権又は所有権以外の財産権は，権利を行使することができる時から20年間行使しないときは，時効によって消滅する。
>
> 3項　前2項の規定は，始期付権利又は停止条件付権利の目的物を占有する第三者のために，その占有の開始の時から取得時効が進行することを妨げない。ただし，権利者は，その時効を更新するため，いつでも占有者の承認を求めることができる。

　従来は，職業ごとに3年以下の短期の消滅時効が定められていましたが，合理性が疑わしく，無意味に複雑な規律となっていました。改正法では，これを廃止して，ルールを簡易化したことになります。

　人の生命または身体の侵害による損害賠償請求権の消滅時効については，上記②は，「20年間」とされます（167条）。①についても，不法行為に基づく損害賠償請求権では，「3年間」とされているものを（724条1号），「5年間」になります（724条の2）。

> **（人の生命又は身体の侵害による損害賠償請求権の消滅時効）**
>
> 第167条　人の生命又は身体の侵害による損害賠償請求権の消滅時効についての前条第1項第2号の規定の適用については，同号中「10年間」とあるのは，「20年間」とする。
>
> **（不法行為による損害賠償請求権の消滅時効）**
>
> 第724条　不法行為による損害賠償の請求権は，次に掲げる場合には，時効に

よって消滅する。

一　被害者又はその法定代理人が損害及び加害者を知った時から3年間行使し
　　ないとき。

二　不法行為の時から20年間行使しないとき。

（人の生命又は身体を害する不法行為による損害賠償請求権の消滅時効）

第724条の2　人の生命又は身体を害する不法行為による損害賠償請求権の消
　　滅時効についての前条第1号の規定の適用については，同号中「3年間」とあ
　　るのは，「5年間」とする。

●ケース●　時効完成後の債務の承認　case

　　Xは，Yから7万8000円を借り受けたが，その際，弁済期を平成20年
8月29日，利息を月5分と合意して公正証書を作成した。ところが，X
は体調を崩したため，返済ができないままでいた。

　　平成28年3月7日，Xは，Yに対し，「借金の返済は，元本だけにまけ
て欲しい。そうしてくれると本年中に分割払いで返済できる。」という手紙
を書いた。

　　平成29年7月1日，Yは，公正証書に基づいてXの動産を差し押さえ
た。そこで，Xは，請求異議の訴え（民事執行法35条）を提起し，債権の
消滅時効（166条1項1号）を援用すると主張した。

　　このようなXの主張は認められるか。

（最大判昭41・4・20をベースにした事案）

　　まず，「借金の返済は，元本だけにまけて欲しい。そうしてくれると本年中に
分割払いで返済できる。」という手紙が，「時効利益の放棄」に当たるかが問題と
なります。時効完成後は，時効利益の放棄は禁止されていないからです（146条
反対解釈）。

37

第1編 民法総則

そもそも，時効の利益を放棄するためには，時効期間が経過していることを知っていなければなりません（大判大正6年2月19日，最判昭和35年6月23日）。時効の完成を知らなければ，時効の利益を放棄するという意思はあり得ないからです。

かつての判例は，それに加えて，消滅時効が完成した後に債務の存在を前提とする行為（自認行為）をすれば，時効の完成を知って時効利益の放棄をしたと推定されると考えていました（上記判例）。

しかし，このような推定は不合理です。普通の人はむしろ，時効の完成を知らないからこうした自認行為をしてしまうと考えられるからです。そのため，かつての判例には批判が強く，判例が変更されることになりました。

現在では，時効の完成後に債務者が債務を承認したときは，時効の完成を知らなくても，信義則上その時効を援用することは許されないと考えられています（最判昭和41年4月20日）。これは，自ら債務の存在を認める行為をして相手に信頼を与えた者が時効を援用して債務の存在を否認して相手に損失を与えることは，矛盾行為であって許されないと考えられることによります（ここでは，先行行為，信頼，損失が要素となっています）。

これを本件についてみると，「借金の返済は，元本だけにまけて欲しい。そうしてくれると本年中に分割払いで返済できる。」という手紙は，時効完成後に送られています。弁済期が平成20年8月29日であることから，平成25年8月29日の経過をもって時効期間を経過するためです（166条1項1号）。

そして，「借金の返済は，元本だけにまけて欲しい。そうしてくれると本年中に分割払いで返済できる。」という手紙を送ることは，借金があることを認めているといえるため，「債務の承認」となります。

したがって，時効完成後の債務の承認となるため，Xの主張は信義則上許されません。

第 3 章　時効

●コラム●　反対解釈　　　　　　　　column

　条文に直接定められていない反面として，定められていない事項には当該条文が適用されないとすることを反対解釈といいます。

　たとえば，時効完成「前」は時効利益の放棄ができないという条文があれば，時効完成「後」は時効利益の放棄ができることが，反対解釈によって導かれます。

　反対解釈もまた，条文の合理的な解釈といえますので，立法者の意思に適うものと考えられます。

●コラム●　時効もいろいろ　　　　　　column

　この章で扱ったのは，民法で定められた時効です。

　皆さんがよく耳にするのは，犯罪についての公訴時効ではないでしょうか。

　公訴時効は，犯罪が一定期間訴追されないときに，訴追しないとする制度をいいます（刑事訴訟法 250 条，337 条 4 号）。

　公訴時効の存在理由については，様々な説明がありますが，ときの経過により，証拠が散逸して正確な裁判を行なうことが困難になるという手続法的な観点と，犯罪の社会的影響や可罰性が減少するという実体法的な観点から説明されることが多いです。

　特に，重大な犯罪については，公訴時効の完成によって犯人が訴追できないとすることには，批判が加えられることがあります。特に，被告人が犯人であることを示す新たな証拠が発見された場合には，公訴時効の不合理性が顕在化するかのように捉えられることも，理解できないものではありません。しかし他方で，被告人の立場からすると，たとえば，相当前の日時のアリバイを証明できるかというと，かなり難しいものといわざるを

39

得ません。10年前の9月9日午後4時ちょうどに，あなたは何をしていたかを証明できるでしょうか？

　刑事裁判は，有罪方向の証拠と無罪方向の証拠の双方を公平に検討しなければ正しい答えにたどり着けないことを考えれば，公訴時効制度の存在には十分な理由があるといえるでしょう。

　これに対し，刑の時効とは，有罪判決により刑の言い渡しがされた後，一定期間内にその刑が執行されないことによって刑罰権を消滅させる制度をいいます（刑法31条，32条）。

　刑事手続において，判決確定前の刑罰権の消滅事由として公訴時効があり，判決確定後の刑罰権の消滅事由として刑の時効があります。

　民事の時効と刑事の時効は異なる制度ですが，共通する部分もあります。それは，一定期間続く事実状態に制度を支える基礎があるということです。

　私たちは，ともすれば事実は明白であると誤解しがちです。しかし，実際には，何が事実であるかは明確でなく，その場に居合わせた人同士であっても認識が異なることも稀ではありません。裁判は人が行なうものである以上，検証可能な証拠に基づかなければなりません。他方で，時間の経過は証拠を散逸させるものである，という現実もあるのです。

第2編
債権総論

　債権は特定の人に対してしか主張できない権利です。このような相対的な権利は，民法をはじめとする法律学に特有の考え方となっており，民法の定める規律には，様々な法律を理解するにあたっても，参考となる重要な考え方が多く含まれています。

第**2**編　債権総論

第1章
債務不履行に基づく損害賠償請求

●コラム●　法定利率　　　　　　　　　　　　　　column

　貸金契約において，利率は当事者が話し合って決めることもできますが（約定利率），利率の合意がない，あるいは，証明できない場合があります。そこで，民法は，標準的な利率として，法定利率の定め（404条1項ないし5項）を置いています。

　法定利率については，従来は，一律に年5分（5％）と決められていました（改正前404条）。しかし，お金の価値が刻一刻と変わるのに利率を固定するのはおかしいですし，年5％というのも，金利よりも優遇されすぎている面がありました。そこで，法は，法定利率について変動制を採用し，基本となる利率も「年3パーセント」と定めました（404条2項）。

1　債務不履行の規律

　契約等によって個人は債務を負うことがあります。約束を守って債務を履行することができない場合，債権者としては，履行を請求することが考えられます（414条1項）。

　また，履行が遅れたりすることによって，債権者が損害を受けることがあり

42

ます。債務者が債務の本旨に従った履行をしないことを**債務不履行**といい，民法は，債務不履行について損害賠償請求を認めています（415条）。

さらに，債務不履行があった場合に，契約が初めからなかったものとする解除という制度もあります（541条，542条）。

ここでは，損害賠償請求を取り上げます。

（債務不履行による損害賠償）

第415条

1項　債務者がその債務の本旨に従った履行をしないとき又は債務の履行が不能であるときは，債権者は，これによって生じた損害の賠償を請求することができる。ただし，その債務の不履行が契約その他の債務の発生原因及び取引上の社会通念に照らして債務者の責めに帰することができない事由によるものであるときは，この限りでない。

2項　前項の規定により損害賠償の請求をすることができる場合において，債権者は，次に掲げるときは，債務の履行に代わる損害賠償の請求をすることができる。

一　債務の履行が不能であるとき。

二　債務者がその債務の履行を拒絶する意思を明確に表示したとき。

三　債務が契約によって生じたものである場合において，その契約が解除され，又は債務の不履行による契約の解除権が発生したとき。

2　履行遅滞と履行不能

債務者が履行期に債務を履行しないことを**履行遅滞**といいます。これに対して，債務の履行が不可能な場合が**履行不能**です。

履行遅滞に当たるかは，当事者が合意したのはどのような債務であったかを考え，履行期にそのような債務が履行されているかによって判断されます。

履行不能に当たるかは，「**契約その他の債務の発生原因**」と「**取引上の社会通念**」に照らして履行が不可能であるかによって判断されます（412条の2第1

項）。これは，履行不能に，**物理的な不能**（給付すべき物が消滅してしまった場合等）だけでなく，**法律的な不能**（不動産を他の人に売却して登記も移してしまった場合等）も含まれることを明らかにするものです（一問一答71頁）。

> **（履行不能）**
>
> 第412条の2
>
> 1項　債務の履行が契約その他の債務の発生原因及び取引上の社会通念に照らして不能であるときは，債権者は，その債務の履行を請求することができない。
>
> 2項　契約に基づく債務の履行がその契約の成立の時に不能であったことは，第415条の規定によりその履行の不能によって生じた損害の賠償を請求することを妨げない。

　なお，「契約その他の債務の発生原因」は契約合意時が基準となるのに対し，「取引上の社会通念」では，履行が不可能となる時点に至るまでの（事後的な）事情が考慮され得ます。

3　債務者の免責事由

　債務不履行に基づく損害賠償請求が認められるためには，「**債務者の責めに帰することができない事由**によるもの」であってはなりません（415条1項ただし書）。法は不可能を要求するものではないからです。

　改正法の規定ぶりから，免責事由は債務者の側で主張・立証すべきことが明らかとなっています（一問一答74頁）。

　債務者に免責事由が認められるかは，「契約その他の**債務の発生原因及び取引上の社会通念**に照らして」判断されます。社会通念とは，社会的な常識といった意味合いになります。

　債務者は，債権者に対して特定の債務を履行することを約束しているわけですから，履行ができなかった場合は，責任を負うのが筋合いです。そのため，履行ができなかった場合には，原則として損害賠償責任が生じ，契約で当事者が合意していたリスク分担を超えた外的な要因によって債務不履行となった場

第1章　債務不履行に基づく損害賠償請求

合にのみ，例外的に債務者は免責されることになります。

●コラム●　過失責任主義からの脱却　　　　　column

　改正前の民法では，個人は自分に課された注意義務に反した場合にのみ責任を負うべきであるとする過失責任主義の考え方が有力でした。過失責任主義では，債務者は一般的に行うことが期待される注意義務を果たしていたかが基準となります。個人が責任を負うのは，自分に落ち度がある場合に限られるというのは，一見すると至極当然の考え方であるようにも思えます。

　ところが，債務不履行の場面で考えると，債務者は特定の履行を行うことを約束し，債権者はこれを信頼したという関係にあります。債務者としては，どのような合意をするかは自由なのですから，合意した以上，約束を守れなければ損害賠償責任を負わせたとしても，自己決定に基づく自己責任の原理に反するわけではありません。

　約束された履行がなかった場合の不利益を債権者と債務者のいずれが負うべきかという観点で見た場合，過失責任主義には，なぜ債権者がリスクを負わなければならないのかという視点が弱いという欠点があったように思われます。

　法では，「契約その他の債務の発生原因及び取引上の社会通念に照らして」という文言が導入されたことによって，過失責任主義を取らないことが明らかになりました。つまり，「取引上の社会通念」だけでなく「契約その他の債務の発生原因」が第一に考慮されるべきであることが明らかとされているのです。

第**2**編　債権総論

4　損害の賠償

⑴　損害

　債権者にどのような損害があるかは，債務不履行がなければ債権者が置かれたであろう状態と債務不履行があったために債権者が置かれている状態との差を金銭的に評価して判断されます。このような考え方を**差額説**といいます。

　差額説では，損害は**財産的損害**と**非財産的損害**に分けられます。非財産的損害としては債権者の精神的苦痛（**慰謝料**）がありますが，これは主として，不法行為に基づく損害賠償請求（709 条）で問題となります。

　財産的損害には，**積極損害**と**消極損害**（増えるはずだった財産が増えなかったこと）があります。

⑵　賠償範囲

　債務不履行によって生じた損害のすべてを賠償すべきとすると，特異な損害の賠償まで必要となります。これでは，債務者に過度の負担となるおそれがあります。そこで，416 条は以下のようなルールを定めています。

　第 1 に，債務不履行によって「通常生ずべき損害」（**通常損害**）が賠償されるべきです（416 条 1 項）。

　第 2 に，「特別の事情によって生じた損害」（**特別損害**）であっても，当事者が予見すべきであったときは，賠償されるべきです（416 条 2 項）。

（損害賠償の範囲）

第416条

1 項　債務の不履行に対する損害賠償の請求は，これによって通常生ずべき損害の賠償をさせることをその目的とする。

2 項　特別の事情によって生じた損害であっても，当事者がその事情を予見すべきであったときは，債権者は，その賠償を請求することができる。

第1章　債務不履行に基づく損害賠償請求

●コラム●　填補賠償の明文化　　　column

　債務不履行があった場合に，債権者は，債務の履行に代わる損害賠償（填補賠償）を請求することができるでしょうか。

　改正法は，旧法下の解釈等を参考に，①債務の履行が不能であるとき（415条2項1号），②債務者がその債務の履行を拒絶する意思を明確に表示したとき（同項2号），③債務が契約によって生じたものである場合において，その契約が解除されまたは債務の不履行による契約の解除権が発生したとき（同項3号）に填補賠償を認める規定を置きました。

　②について，債務の履行を拒絶する意思の表示は明確に表示されることが必要なので，単に履行を拒んだというだけでなく，履行拒絶の意思がその後に覆されることが見込まれないほどに確定的なものであることが必要とされています（一問一答76頁）。

47

第2編　債権総論

第2章

責任財産の保全

1　責任財産とは

　債務者の一般財産のことを**責任財産**と呼びます。これは，債権者にとって，債務者の一般財産が最後の引き当て(債権実現の原資)になっていることを意味する呼称です。

　契約などによって債務者が債権者に対して一定の債務を負うとき，債権者としては，債務の履行を期待している関係にあります。そして，債務の履行がないとき，債権者は，履行請求や損害賠償，契約の解除等で自らを守ろうとします。ここで，履行請求や損害賠償を選んだ場合，債務者が履行をしたり，損害の賠償をしたりするだけの資力があるか(すなわち，**責任財産が十分にあるか**)が，決定的に重要となります。

　そうだとしても，債務者の個人財産は債務者のものであって，他人が財産の管理に介入することは許されないのが原則です(**財産権絶対の原則**)。しかし，債権の総額に対して十分な責任財産がない場合(**無資力**)，債務者は自らの財産の管理を疎かにすることがあります。このような場合にまで，財産権の絶対を貫くことは，無責任な意思決定を助長することになりかねません。

　そこで，債務者が無資力の場合に，例外的に，債権者に債権保全をさせるための手段が認められています。それが，この章で解説する債権者代位権と詐害行為取消権です。

第2章　責任財産の保全

2　債権者代位権

(1)　意義

　　債権者代位権とは，債権者が債務者の持っている権利を債務者自身に代わって行使することによって責任財産を保全する権利をいいます（423条1項）。

> **（債権者代位権の要件）**
>
> 第423条
>
> 1項　債権者は，自己の債権を保全するため必要があるときは，債務者に属する権利（以下「被代位権利」という。）を行使することができる。ただし，債務者の一身に専属する権利及び差押えを禁じられた権利は，この限りでない。
>
> 2項　債権者は，その債権の期限が到来しない間は，被代位権利を行使することができない。ただし，保存行為は，この限りでない。
>
> 3項　債権者は，その債権が強制執行により実現することのできないものであるときは，被代位権利を行使することができない。

(2)　要件

> ①　被保全債権の発生（「自己の権利」）
> ②　債務者の無資力（「自己の債権を保全するため必要がある」）
> ③　被代位債権の発生（「債務者に属する債権」）
> ④　被保全債権の期限の到来（423条2項本文）

　　①の被保全債権は，金銭債権がオーソドックスなものです。もっとも，債権者代位権の被保全債権は判例によって拡大されてきた経緯があります（改正前は「債権者代位権の転用」といわれていました）。たとえば，登記請求権についても債権者代位権によって保全することが認められています（423条の7）。

　　これに対して，推定相続人が有する被相続人の生前における期待権は，被保全債権に当たりません（最判昭和30年12月26日）。

　　②の債務者の資力は，債権者代位権を行使する時にそのような状態になって

49

いなければなりません。無資力の判断では，「債務者の単なる計数上の債務超過のみならずその信用等の存否をも考慮して判断すべきもの」とされています（最判昭和35年4月26日〔ただし，詐害行為取消権についての判断〕）。「信用等」には，信用だけでなく暖簾などの**無形の経済的利益**が含まれます。

③の被代位債権は，債務者の一身に専属する権利（**一身専属権**）や差押えを禁じられた権利を除きます（423条1項ただし書）。一身専属権は，権利主体の意思に適合することが特に重視される身分行為が典型ですが，身分行為にも色々あるので，一概にこれに当たるということはできません。たとえば，離婚請求権（770条1項）は一身専属権に当たります。これに対して，離婚に伴う財産分与請求権は，協議・審判等によってその内容が具体的に確定した後は，代位行使の対象となります（最判昭和55年7月11日）。

また，**債務者が自ら権利を行使しているとき**は，債権者の介入を認める根拠を欠きますから，債権者代位権の行使は認められません。

さらに，代位行使の相手方は，代位行使の場面で従来よりも不利に扱われる理由はありません。そこで，代位する債権の債権者（債務者）に主張できる**抗弁**を（代位債権を行使する）債権者に対して主張することができます（423条の4）。

（相手方の抗弁）

第423条の4　債権者が被代位権利を行使したときは，相手方は，債務者に対して主張することができる抗弁をもって，債権者に対抗することができる。

---

④の被保全債権の期限の到来は，債務者の個人財産への介入を最小限とする趣旨の要件です。もっとも，**保存行為**については，履行期が到来していなくても，債権の代位行使をすることができます（423条2項ただし書）。**保存行為**とは債務者の財産の現状を維持する行為をいうところ，このような行為を認めても債権者に不利益がなく，また，緊急を要する場合があることから，例外的に履行期前の代位行使が認められています。

第2章　責任財産の保全

(3)　効果

　代位行使の範囲は，被代位債権が可分の場合は，**被保全債権の額の限度**です（423条の2）。

（代位行使の範囲）

第423条の2　債権者は，被代位権利を行使する場合において，被代位権利の目的が可分であるときは，自己の債権の額の限度においてのみ，被代位権利を行使することができる。

　被代位債権が金銭の支払や動産の引渡しを請求するものであるときは，代位請求の相手方に対して，直接自己に対してすることを求めることができます（423条の3前段）。

（債権者への支払又は引渡し）

第423条の3　債権者は，被代位権利を行使する場合において，被代位権利が金銭の支払又は動産の引渡しを目的とするものであるときは，相手方に対し，その支払又は引渡しを自己に対してすることを求めることができる。この場合において，相手方が債権者に対してその支払又は引渡しをしたときは，被代位権利は，これによって消滅する。

　被代位債権はあくまで債務者の権利ですから，代位権が行使された後も債務者は代位債権を行使することができます（423条の5）。

（債務者の取立てその他の処分の権限等）

第423条の5　債権者が被代位権利を行使した場合であっても，債務者は，被代位権利について，自ら取立てその他の処分をすることを妨げられない。この場合においては，相手方も，被代位権利について，債務者に対して履行をすることを妨げられない。

　従来は，債務者による権利行使はできないこととされましたが，過大な介入を認めることとなるため，ルールが変更されました。これによって，債務者の

第**2**編　債権総論

処分権限を制限するには，民事執行・保全の手続が必要となりました（差押え・仮差押え等が考えられますが，詳しくは，民事執行・保全法の解説書に委ねます）。

⑷　手続

　詐害行為取消権は，後述のように裁判上行使する必要がありますが，債権者代位権は裁判上行使することは必要ありません。

　もっとも，債権者は，被代位権利の行使にかかる訴えを提起したときは，債務者に対して**訴訟告知**をしなければなりません（423条の6）。

> **（被代位権利の行使に係る訴えを提起した場合の訴訟告知）**
>
> **第423条の6**　債権者は，被代位権利の行使に係る訴えを提起したときは，遅滞なく，債務者に対し，訴訟告知をしなければならない。

　債権者の訴訟追行の結果が債務者に影響しうることから，**債務者が訴訟に関与する機会を保証する**趣旨です。

3　詐害行為取消権

⑴　意義

　詐害行為取消権とは，債務者が債権者を害することを知ってした行為の取消しを裁判所に求めることによって責任財産を保全する権利をいいます（424条1項）。

> **（詐害行為取消請求）**
>
> **第424条**
>
> 1項　債権者は，債務者が債権者を害することを知ってした行為の取消しを裁判所に請求することができる。ただし，その行為によって利益を受けた者（以下この款において「受益者」という。）がその行為の時において債権者を害することを知らなかったときは，この限りでない。

2項 前項の規定は，財産権を目的としない行為については，適用しない。

3項 債権者は，その債権が第1項に規定する行為の前の原因に基づいて生じた
ものである場合に限り，同項の規定による請求（以下「詐害行為取消請求」と
いう。）をすることができる。

4項 債権者は，その債権が強制執行により実現することのできないものである
ときは，詐害行為取消請求をすることができない。

(2) 要件

① 被保全債権の発生

② 債務者の無資力

③ 債務者による詐害行為

④ 受益者・転得者の悪意

①の被保全債権は，**詐害行為より前**に存在していなければなりません（424条
3項）。詐害行為後に債権者となった者は，すでに減少した責任財産の下で取引
関係に入ったため，保護に値しないからです。

なお，被保全債権は履行期が到来している必要はありません（大判大正9年
12月27日）。

②の債務者の無資力は，**詐害行為をする時**と**詐害行為取消権を行使する時**に
そのような状態になっていなければなりません。無資力の判断では，「債務者の
単なる計数上の債務超過のみならずその信用等の存否をも考慮して判断すべき
もの」とされています（最判昭和35年4月26日）。「信用等」には，信用だけ
でなく暖簾などの**無形の経済的利益**が含まれます。

③の詐害行為は，財産権を目的とする行為でなければなりません（424条2
項）。たとえば，養子縁組をすると扶養家族が増えて財産状況が悪化するかも知
れません。しかし，こうした身分行為については，第三者の介入を認めるべき
ではありませんから，詐害行為取消権を認めないこととしたものです。もっと
も，身分行為にも様々なものがあり，財産法的な色彩の強いものもあります。

第2編　債権総論

　たとえば，離婚に伴う財産分与は，不相当に過大で財産分与に仮託してなされた財産処分と認められる特段の事情があれば，取消しの対象となります（最判昭和58年12月19日）。

　詐害行為といえるかは，財産減少行為であることに着目した424条1項の類型が基本となります。ここでは，財産の減少という行為の客観面だけでなく，他の債権者を害する目的であったかという主観的要素も総合的に判断されます。たとえば，相当な対価を得てした財産の処分行為については，詐害行為と認められにくくなっています（424条の2）。

（相当の対価を得てした財産の処分行為の特則）

第424条の2　債務者が，その有する財産を処分する行為をした場合において，受益者から相当の対価を取得しているときは，債権者は，次に掲げる要件のいずれにも該当する場合に限り，その行為について，詐害行為取消請求をすることができる。

　一　その行為が，不動産の金銭への換価その他の当該処分による財産の種類の変更により，債務者において隠匿，無償の供与その他の債権者を害することとなる処分（以下この条において「隠匿等の処分」という。）をするおそれを現に生じさせるものであること。

　二　債務者が，その行為の当時，対価として取得した金銭その他の財産について，隠匿等の処分をする意思を有していたこと。

　三　受益者が，その行為の当時，債務者が隠匿等の処分をする意思を有していたことを知っていたこと。

　これに対して，他の債権者との平等に着目した類型が新しく加わりました（424条の3）。従来破産法で問題とされてきた偏頗行為の規律が取り入れられたものです。

（特定の債権者に対する担保の供与等の特則）

第424条の3

1項　債務者がした既存の債務についての担保の供与又は債務の消滅に関する行為について，債権者は，次に掲げる要件のいずれにも該当する場合に限り，詐害行為取消請求をすることができる。

　一　その行為が，債務者が支払不能（債務者が，支払能力を欠くために，その債務のうち弁済期にあるものにつき，一般的かつ継続的に弁済することができない状態をいう。次項第1号において同じ。）の時に行われたものであること。

　二　その行為が，債務者と受益者とが通謀して他の債権者を害する意図をもって行われたものであること。

2項　前項に規定する行為が，債務者の義務に属せず，又はその時期が債務者の義務に属しないものである場合において，次に掲げる要件のいずれにも該当するときは，債権者は，同項の規定にかかわらず，その行為について，詐害行為取消請求をすることができる。

　一　その行為が，債務者が支払不能になる前30日以内に行われたものであること。

　二　その行為が，債務者と受益者とが通謀して他の債権者を害する意図をもって行われたものであること。

④の受益者・転得者の悪意については，受益者に対する請求か，あるいは，転得者に対する請求かによって，要件が異なります。受益者に対する請求では，受益者が善意でない限り取消権は認められます（424条1項ただし書）。

これに対して，転得者に対する請求では，受益者・中間にいる転得者・転得者のすべてが悪意でなければ取消権は認められません（424条の5）。

（転得者に対する詐害行為取消請求）

第424条の5　債権者は，受益者に対して詐害行為取消請求をすることができる場合において，受益者に移転した財産を転得した者があるときは，次の各号

に掲げる区分に応じ，それぞれ当該各号に定める場合に限り，その転得者に対しても，詐害行為取消請求をすることができる。

一　その転得者が受益者から転得した者である場合　その転得者が，転得の当時，債務者がした行為が債権者を害することを知っていたとき。

二　その転得者が他の転得者から転得した者である場合　その転得者及びその前に転得した全ての転得者が，それぞれの転得の当時，債務者がした行為が債権者を害することを知っていたとき。

(3)　効果

　詐害行為の取消しと財産の返還が効果になります（424条の6第1項前段）。もっとも，財産の返還が困難であるときは価額の償還を請求できます（同項後段）。

（財産の返還又は価額の償還の請求）

第424条の6

1項　債権者は，受益者に対する詐害行為取消請求において，債務者がした行為の取消しとともに，その行為によって受益者に移転した財産の返還を請求することができる。受益者がその財産の返還をすることが困難であるときは，債権者は，その価額の償還を請求することができる。

2項　債権者は，転得者に対する詐害行為取消請求において，債務者がした行為の取消しとともに，転得者が転得した財産の返還を請求することができる。転得者がその財産の返還をすることが困難であるときは，債権者は，その価額の償還を請求することができる。

　詐害行為の目的が可分であるときは，被保全債権の限度においてのみ取消しは認められます（424条の8第1項）。

第 2 章　責任財産の保全

（詐害行為の取消しの範囲）

第 424 条の 8

1項　債権者は，詐害行為取消請求をする場合において，債務者がした行為の目的が可分であるときは，自己の債権の額の限度においてのみ，その行為の取消しを請求することができる。

2項　債権者が第 424 条の 6 第 1 項後段又は第 2 項後段の規定により価額の償還を請求する場合についても，前項と同様とする。

⑷　**手続**

　詐害行為取消権は，裁判によって行使する必要があります（424 条 1 項）。

　受益者または転得者が被告となり，債務者は被告となりません（424 条の 7 第 1 項）。ただし，債務者に対しては訴訟告知をしなければなりません（424 条の 7 第 2 項）。

（被告及び訴訟告知）

第 424 条の 7

1項　詐害行為取消請求に係る訴えについては，次の各号に掲げる区分に応じ，それぞれ当該各号に定める者を被告とする。

　　一　受益者に対する詐害行為取消請求に係る訴え　受益者

　　二　転得者に対する詐害行為取消請求に係る訴え　その詐害行為取消請求の相手方である転得者

2項　債権者は，詐害行為取消請求に係る訴えを提起したときは，遅滞なく，債務者に対し，訴訟告知をしなければならない。

57

第2編 債権総論

●コラム● 保証債務

（保証人の責任等）

第446条

1項　保証人は，主たる債務者がその債務を履行しないときに，その履行をする責任を負う。

2項　保証契約は，書面でしなければ，その効力を生じない。

3項　保証契約がその内容を記録した電磁的記録によってされたときは，その保証契約は，書面によってされたものとみなして，前項の規定を適用する。

　保証債務は，主たる債務が履行されることを担保するために，債務が履行されないときに保証人が代わって債務を履行することを合意することによって生じます（446条1項）。債権・債務関係とは別に行われる保証契約によって別個の保証債務が生じるところに特色があります。とはいえ，保証債務はあくまで主たる債務が履行されることの担保ですから，主たる債務に生じた一定の事由は保証債務にも影響するものとされています（付従性）。

　このような保証債務には，個人が意図しないで過大な責任を負う事例が少なくありませんでした。そこで，従来から，書面を要件とする（446条2項）などの手当てがなされてきました。

　また，今回の債権法改正では，包括根保証の禁止・要式行為性を貸金等根保証だけでなく個人根保証全般に拡張するなどの改正が行われました。包括根保証は対象が無限定のため当事者の予測を超えた重い責任となるおそれがあるためです。

　細かいルールがいくつも設けられた領域になりますので，興味がある人はこの分野を扱った専門的な教科書を参照してください。

第 3 編
債権各論

　契約を始めとする債権各論は，私たちの生活に密着した具体的なルールが多く見られます。テレビの法律番組であるような生活事例について，具体的な結論を左右する規範が多くあり，世間の人が法学部生に期待するような知識が多く含まれる領域です。

　債権各論をマスターすれば，中級者のレベルに達するだけでなく，上級者への道も遠くはありません。

第**3**編　債権各論

第1章

定型約款

1　約款の意義

　約款とは，多数の契約を画一的に処理するために，あらかじめ契約条件を定型化して書面化したものをいいます。

　現在では，こうした約款は社会の様々な場面で用いられています。身近なところでは，電車に乗る場合，携帯電話を購入する場合などがあげられます。

　なぜ，このような約款が用いられるのでしょうか。

　それは，個別的に交渉をしていたのでは，交渉コストがかかってしまい，円滑な社会関係が形成できないという実質的な要請があるからです。

　たとえば，電車に乗る場合などに，いちいち交渉しなければならないとすれば，事業者・消費者とも多くの時間が必要となり現実的ではありません。こうした社会的なコストが高まれば，商品・役務の価格が上がるだけでなく，多くの人手が必要となり，また，多くの時間が浪費されてしまうのです。

　したがって，約款の実際上の必要性は，否定できないものがあります。まずは，こうした約款の実際上の意義をよく理解しておく必要があります（この点については，中・上級者用のテキストでも説明が不十分な場合があります。そうすると，なぜ約款の効力を認めること自体は否定しないのか，基本的なところで分からなくなってしまいます）。

第 1 章　定型約款

2　約款の問題性

　こうした約款には，事業者が一方的・画一的に定めるため，消費者に不利な条項が押し付けられるという問題があります。あまりに不利な条項については，公序良俗（民法90条）に反するなどとして，効力を生じさせないことができますが，それは極端な場合に限られます。それ以外の場合には，必ずしも十分な規制が行われてこなかったというのが実情かもしれません。

　また，約款には理論的な正当化の面でも問題があります。契約の拘束力は，**自己決定に基づく自己責任の原則**に根拠がありました。ところが，約款は，一般消費者が（見ようと思えば）見ることができる状態に置かれていても，実際には長く難しい言葉で書かれており，その仔細（個々の条項）まで目を通すことは稀といえます。そうすると，自己決定に基づく自己責任の原則からは，約款に拘束力を認めることを正当化できないのではないかが問題となるのです。

3　内容の適正化

　約款の正当化根拠は難しい問題で，いまだ明確な答えは出ていないように思われます。

　しかし他方で，現実に流通している無数の約款に適切な規制を及ぼしていかなければならないという現実の要請もあります。そのため，ともかくも約款に規制を及ぼすとして，どのような規制がよりバランスの取れた規制となるか，規制の適正化が検討されるようになりました。

　ここで，現在行われている規制をまとめると，以下のようになります。

①　内容規制

　第1に，公序良俗や消費者契約法などによる法律による規制があります。公序良俗は，反社会性が強いものが中心ですし，消費者契約法は消費者取引について特定の要件を満たすものに限られます。したがって，こうした規制は断片的なものとならざるを得ません。

61

第3編　債権各論

第2に，行政による規制が有力な規制方法となります。約款について行政の許認可を必要とするのです。保険約款（保険業法4条），電気の供給約款（電気18条），旅行業約款（旅行12条の2）など，様々な監督がなされています。これは有効な方法ではありますが，監督官庁は有限であり，ある程度社会に定着した規模の大きな業界しか対象とできないという限界があります。

第3に，契約の解釈と同様，約款条項の解釈で対応する場合があります。個々の裁判の場面で，約款条項の趣旨から約款規定を限定解釈するなどの方法で対応することが行われてきました。個別具体的なケースで，上記2点の及ばない空白地について具体的妥当性を導く意義があります。他方で，救済が必要な者すべてを等しく救済することにはなりませんし，予測可能性が低いという問題も軽視できません。

②　開示規制

約款を契約と同質のものと捉えるならば，約款の適切な開示が重要になります。

別の面からみれば，約款を当事者の合意内容に取り入れることが許されるための要件（組み入れ要件）が重視されることになります。

4　債権法改正のアプローチ：対象の明確化

上記のような規制の非網羅性からすれば，広く一般に適用されるルールを定めることが望ましいようにも思えます。

しかし，約款に広く規制を及ぼそうとすれば，抽象的で実効性に乏しい規制となるおそれがあります。また，約款が用いられる場面は様々なので，すべての場合に適切なルールを想定することはできないのではないかという疑問もあります。たとえば，事業者間で用いられる約款と消費者に対して効力を及ぼす約款では，それぞれの性格は大きく異なります。

また，事業者サイドには，約款規制を民法に定めることについて，基準の不明確性・法的安定性が危惧されるなどの理由で，強い抵抗感があるようです。

第1章 定型約款

　そこで，法は，対象を「定型約款」という狭い範囲に絞り込みました。こうした明確な対象を基本法である民法に取り込むことで，今後の約款規制の適正化を方向づける意義があります。今後は，民法を参考に，民法以外の特別法の整備が進むことが期待されます（標準，出発点としての一般法への取り込み）。

　すなわち，定型取引とは，「ある特定の者が不特定多数の者を相手方として行う取引であって，その内容の全部又は一部が画一的であることがその双方にとって合理的なもの」をいうと定められています（548条の2第1項柱書）。

（定型約款の合意）

第548条の2

1項　定型取引（ある特定の者が不特定多数の者を相手方として行う取引であって，その内容の全部又は一部が画一的であることがその双方にとって合理的なものをいう。以下同じ。）を行うことの合意（次条において「定型取引合意」という。）をした者は，次に掲げる場合には，定型約款（定型取引において，契約の内容とすることを目的としてその特定の者により準備された条項の総体をいう。以下同じ。）の個別の条項についても合意をしたものとみなす。

一　定型約款を契約の内容とする旨の合意をしたとき。

二　定型約款を準備した者（以下「定型約款準備者」という。）があらかじめその定型約款を契約の内容とする旨を相手方に表示していたとき。

2項　前項の規定にかかわらず，同項の条項のうち，相手方の権利を制限し，又は相手方の義務を加重する条項であって，その定型取引の態様及びその実情並びに取引上の社会通念に照らして第1条第2項に規定する基本原則に反して相手方の利益を一方的に害すると認められるものについては，合意をしなかったものとみなす。

　このような定型約款については，「定型取引合意」をした者が定型約款を契約の内容とする旨の合意をしたときは，定型約款の個別の条項について合意をしたものとみなされます（548条の2第1項1号）。

　また，定型約款を準備した者があらかじめその定型約款を契約の内容とする

第**3**編　債権各論

旨を相手方に表示していたときも，定型約款の個別の条項について合意をしたものとみなされます（同項2号）。

　これに対して，当該定型取引の態様・実情・取引上の社会通念に照らし，信義則に反して相手方の利益を一方的に害すると認められるものについては，合意しなかったものとみなされ（同条2項），合意内容に取り込まれないことになります。

　さらに，定型約款取引の合意前やその合意後相当期間内に相手方の請求があった場合，定型約款を準備した者には約款内容の開示義務が定められました（548条の3第1項）。

（定型約款の内容の表示）

第548条の3

1項　定型取引を行い，又は行おうとする定型約款準備者は，定型取引合意の前又は定型取引合意の後相当の期間内に相手方から請求があった場合には，遅滞なく，相当な方法でその定型約款の内容を示さなければならない。ただし，定型約款準備者が既に相手方に対して定型約款を記載した書面を交付し，又はこれを記録した電磁的記録を提供していたときは，この限りでない。

2項　定型約款準備者が定型取引合意の前において前項の請求を拒んだときは，前条の規定は，適用しない。ただし，一時的な通信障害が発生した場合その他正当な事由がある場合は，この限りでない。

　定型約款については，その内容を変更する場合についても，定型約款を準備した者に周知義務（548条の4第2項）などが定められています。

（定型約款の変更）

第548条の4

1項　定型約款準備者は，次に掲げる場合には，定型約款の変更をすることにより，変更後の定型約款の条項について合意があったものとみなし，個別に相手方と合意をすることなく契約の内容を変更することができる。

一　定型約款の変更が，相手方の一般の利益に適合するとき。

二 定型約款の変更が，契約をした目的に反せず，かつ，変更の必要性，変更後の内容の相当性，この条の規定により定型約款の変更をすることがある旨の定めの有無及びその内容その他の変更に係る事情に照らして合理的なものであるとき。

2項 定型約款準備者は，前項の規定による定型約款の変更をするときは，その効力発生時期を定め，かつ，定型約款を変更する旨及び変更後の定型約款の内容並びにその効力発生時期をインターネットの利用その他の適切な方法により周知しなければならない。

3項 第1項第2号の規定による定型約款の変更は，前項の効力発生時期が到来するまでに同項の規定による周知をしなければ，その効力を生じない。

4項 第548条の2第2項の規定は，第1項の規定による定型約款の変更については，適用しない。

ここでは，特定のサービスの利用者が減少する場面もありうるため，定型約款を変更する時点では，契約の相手方が不特定多数存在することは要件となっていません。

5 約款問題について

以上をまとめると，約款についての規制は発展途上の段階にあり，今後の規制の整備によって適正化が図られていくことになるでしょう。とはいえ，一般法・基本法である民法に約款についての規律が置かれた意義は大きいといえます。今後，約款取引についての規律が大幅に改善されていく可能性を秘めているといえるでしょう。

約款取引には，現代型取引の縮図ともいうべき複雑さ，様々な利益状況があります。そのため，この問題についての理解は一朝一夕にしては成し遂げられないかもしれません。民法についての基本的な理解を幹として，様々な規律をフォローして枝葉を作り，理解を深めることが必要となるでしょう。

第**3**編　債権各論

第2章
売買契約と解除の規律

1　売買契約の意義

　民法には，典型契約と呼ばれる契約類型が定められています。それぞれの契約の内容や成立要件は，各契約を定めた「節」の最初の規定（冒頭規定）に定められています。

　売買契約については，「売買は，当事者の一方が相手方に対しある財産権を相手方に移転することを約し，相手方これに対してその代金を支払うことを約することによって，その効力を生ずる」とされています（555条）。

（売買）

第555条　売買は，当事者の一方がある財産権を相手方に移転することを約し，相手方がこれに対してその代金を支払うことを約することによって，その効力を生ずる。

　ここでは，財産権移転約束と代金支払約束が契約の要素である旨定められています。また，契約が成立すると，それぞれに対応して，財産権移転義務と代金支払義務が生じることを読み取ることができます。

第2章　売買契約と解除の規律

2　他人物売買の有効性

（他人の権利の売買における売主の義務）

第561条　他人の権利（権利の一部が他人に属する場合におけるその権利の一部を含む。）を売買の目的としたときは，売主は，その権利を取得して買主に移転する義務を負う。

　上記規定は，他人が所有する物の売買が有効であることを前提としています。

　ここでは，売主は，所有権を有している必要はなく，権利を取得して買主に移転するという義務を負うにすぎないことになります。

3　手付

　手付とは，契約の締結に際して当事者間で授受される金銭その他の有価物をいいます。

　手付には，証約手付（契約成立の証拠となる手付），解約手付（契約の解除権を留保する趣旨の手付），違約手付（債務不履行があると損害賠償と別に没収される手付）があります。

　手付は，本質的に証約手付としての性質を有しますが，民法557条1項によって解約手付の性質を併せて有することになります。また，当事者間の合意によって違約手付としての性質をもたせることもできます。

（手付）

第557条

1項　買主が売主に手付を交付したときは，買主はその手付を放棄し，売主はその倍額を現実に提供して，契約の解除をすることができる。ただし，その相手方が契約の履行に着手した後は，この限りでない。

2項　第545条第4項の規定は，前項の場合には，適用しない。

第3編　債権各論

手付が交付された場合，買主はその手付を放棄し，売主はその倍額を現実に提供して，契約を解除することができます（557条1項本文）。現実の提供とは，債務者が債権者の協力なしにできる具体的行為を債務の本旨に従って行うことをいいます（493条本文）。

（弁済の提供の方法）

第493条　弁済の提供は，債務の本旨に従って現実にしなければならない。ただし，債権者があらかじめその受領を拒み，又は債務の履行について債権者の行為を要するときは，弁済の準備をしたことを通知してその受領の催告をすれば足りる。

手付による解除は，相手方による履行の着手があれば，できなくなります（557条1項ただし書）。履行の着手とは，「客観的に外部から認識しうるような形で履行行為の一部をなし又は履行の提供をするために欠くことのできない前提行為をしたこと」をいいます（最大判昭和40年11月24日）。

たとえば，買主が代金を現実に提供して受取りを求めた場合などがこれにあたります。

4　債権法改正による規律の変化

旧法では，債務不履行責任とは別に，売主の「瑕疵担保責任」が定められていました(旧570条本文，同566条1項前段)。そこでは，法定責任説という見解が有力でした。この見解は，物の個性に着目した特定物について，債務不履行とは異なる特別の法定責任を定めたものとしました。その前提には，特定物の性質は合意内容とならないとする「特定物ドグマ」がありました。

しかし，この考え方は，工業製品が目的物の中心となっている現代の取引実務に適合的ではありません。たとえば，中古自動車について，「カーナビ，エアコン付き」と表示されて販売されている場合，当事者の意思は，カーナビとエアコンを備えた中古車の売買を行うことにあり，これらを備えない中古車を引き渡せばよいというのでは，取引の実情と合いません。特定の絵画など，その

ままの個性が重要なものについては，履行不能が生じやすいというだけであり，特定物と不特定物で規律を異にする合理性はないと考えられます。

そこで，改正法では，契約不適合による債務不履行の規律に一本化されました。その上で，債務不履行の効果として，一般原則としての損害賠償請求権（415条），解除（541条，542条）の他に，買主の追完請求権（562条），買主の代金減額請求権（563条）を定め，より柔軟な解決を可能としました。

（債務不履行による損害賠償）

第415条

1項　債務者がその債務の本旨に従った履行をしないとき又は債務の履行が不能であるときは，債権者は，これによって生じた損害の賠償を請求することができる。ただし，その債務の不履行が契約その他の債務の発生原因及び取引上の社会通念に照らして債務者の責めに帰することができない事由によるものであるときは，この限りでない。

2項　前項の規定により損害賠償の請求をすることができる場合において，債権者は，次に掲げるときは，債務の履行に代わる損害賠償の請求をすることができる。

一　債務の履行が不能であるとき。

二　債務者がその債務の履行を拒絶する意思を明確に表示したとき。

三　債務が契約によって生じたものである場合において，その契約が解除され，又は債務の不履行による契約の解除権が発生したとき。

（催告による解除）

第541条　当事者の一方がその債務を履行しない場合において，相手方が相当の期間を定めてその履行の催告をし，その期間内に履行がないときは，相手方は，契約の解除をすることができる。ただし，その期間を経過した時における債務の不履行がその契約及び取引上の社会通念に照らして軽微であるときは，この限りでない。

第3編　債権各論

（催告によらない解除）

第542条

1項　次に掲げる場合には，債権者は，前条の催告をすることなく，直ちに契約の解除をすることができる。

一　債務の全部の履行が不能であるとき。

二　債務者がその債務の全部の履行を拒絶する意思を明確に表示したとき。

三　債務の一部の履行が不能である場合又は債務者がその債務の一部の履行を拒絶する意思を明確に表示した場合において，残存する部分のみでは契約をした目的を達することができないとき。

四　契約の性質又は当事者の意思表示により，特定の日時又は一定の期間内に履行をしなければ契約をした目的を達することができない場合において，債務者が履行をしないでその時期を経過したとき。

五　前各号に掲げる場合のほか，債務者がその債務の履行をせず，債権者が前条の催告をしても契約をした目的を達するのに足りる履行がされる見込みがないことが明らかであるとき。

2項　次に掲げる場合には，債権者は，前条の催告をすることなく，直ちに契約の一部の解除をすることができる。

一　債務の一部の履行が不能であるとき。

二　債務者がその債務の一部の履行を拒絶する意思を明確に表示したとき。

（買主の追完請求権）

第562条

1項　引き渡された目的物が種類，品質又は数量に関して契約の内容に適合しないものであるときは，買主は，売主に対し，目的物の修補，代替物の引渡し又は不足分の引渡しによる履行の追完を請求することができる。ただし，売主は，買主に不相当な負担を課するものでないときは，買主が請求した方法と異なる方法による履行の追完をすることができる。

2項　前項の不適合が買主の責めに帰すべき事由によるものであるときは，買主は，同項の規定による履行の追完の請求をすることができない。

第 2 章　売買契約と解除の規律

（買主の代金減額請求権）

第563条

1項　前条第1項本文に規定する場合において，買主が相当の期間を定めて履行の追完の催告をし，その期間内に履行の追完がないときは，買主は，その不適合の程度に応じて代金の減額を請求することができる。

2項　前項の規定にかかわらず，次に掲げる場合には，買主は，同項の催告をすることなく，直ちに代金の減額を請求することができる。

一　履行の追完が不能であるとき。

二　売主が履行の追完を拒絶する意思を明確に表示したとき。

三　契約の性質又は当事者の意思表示により，特定の日時又は一定の期間内に履行をしなければ契約をした目的を達することができない場合において，売主が履行の追完をしないでその時期を経過したとき。

四　前三号に掲げる場合のほか，買主が前項の催告をしても履行の追完を受ける見込みがないことが明らかであるとき。

3項　第1項の不適合が買主の責めに帰すべき事由によるものであるときは，買主は，前2項の規定による代金の減額の請求をすることができない。

　従来の法定責任説では，「瑕疵担保責任」に基づく損害賠償請求権では**信頼利益**の賠償しか認められないとされることがありました。改正法では，416条の規律を用いますので，**履行利益**（約束が履行されていたのと同等の利益）の賠償まで認められうることになります（一問一答280頁）。

　これは，売主の責任が重くなるようにも思えます。しかし，立法過程では，具体的な結論は，今までとほぼ相違はないと説明されています。それが正しいかについては，今後の運用をみていくしかありません。

　注目に値するのは，**1年の期間制限**が債務不履行責任に広く適用される規定ぶりとなっていることです（566条）。

第**3**編　債権各論

（目的物の種類又は品質に関する担保責任の期間の制限）

第**566**条　売主が種類又は品質に関して契約の内容に適合しない目的物を買主に引き渡した場合において，買主がその不適合を知った時から1年以内にその旨を売主に通知しないときは，買主は，その不適合を理由として，履行の追完の請求，代金の減額の請求，損害賠償の請求及び契約の解除をすることができない。ただし，売主が引渡しの時にその不適合を知り，又は重大な過失によって知らなかったときは，この限りでない。

　売主の地位の安定が考慮されたものですが，買主には酷とも思えます。

　この点については，売主に対する契約不適合の通知で足りるとするとともに，売主が契約不適合について悪意または重過失であるときに期間制限を適用しないこととしていることでバランスが取られています。

　とはいえ，債務不履行責任として考察すると，買主は契約不適合を知ったときには1年以内に（少なくとも）何らかのアクションを起こすことが求められているのですから，（10年の時効期間経過前に権利を行使すればよかった）従来よりも権利実現に積極的な買主像が想定されているといえるでしょう。

第2章　売買契約と解除の規律

●コラム●　請求権相互の関係　column

　代金減額請求権は，一部解除の性質を有するとされています。そして，解除は形成権とされ，いったん行使されると契約がさかのぼってなかったことになります。

　そうすると，契約への不適合があった場合，買主が値引きを要求すると，代金減額請求権を行使したことになり，（論理的には）契約のすべてが効力を有していることを前提とする追完請求権を行使することができなくなるおそれがあります（一問一答279頁参照）。

　しかし，債権法改正では，柔軟な紛争解決を妨げないようにするために，あえて請求権相互の関係についての規定は設けられませんでした。そのことからすれば，買主の値引き要求があったとしても，直ちに代金減額請求権の行使と認定するべきではありません。そこで，当該事案における買主の値引き要求について，契約内容の改訂を目的とした再交渉を請求する趣旨と解するなどの工夫が考えられます。

73

第3編 債権各論

【売買における債務不履行責任の規律のまとめ】

＊他の双務契約への適用可能性（559条）にも注意。

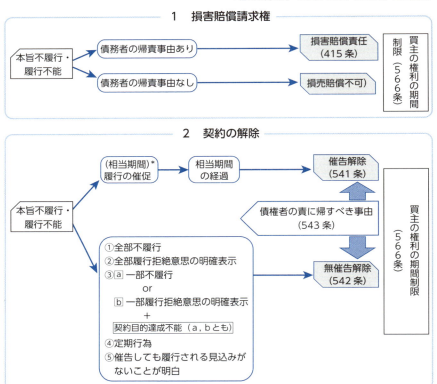

＊ 期間を定めない催告も有効であり，相当期間が経過すれば解除の効力が生じる（大判昭2・2・2民集6・133，最判昭29・12・21民集8・12・2211）。
＊ 不相当に短い催告期間を定めた場合であっても，相当期間が経過すれば解除の効力が生じる（最判昭31・12・6民集10・12・1527）

第 2 章　売買契約と解除の規律

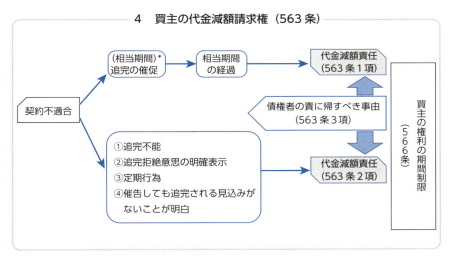

＊　解除についての従来の判例（74 頁を参照）からすれば、この場合も期間を定めない催告や不相当な期間を定めた催告も相当期間が経過すれば解除の効力を生ずる。このように解する見解として、潮見『基本講義債権各論 I〔第 3 版〕』54, 96 頁。

【売買契約書の一例】

　　○○（以下，「甲」という。）と○○（以下，「乙」という。）とは，乙の取り扱う○○に関する商品（以下，「商品」という。）の甲への継続的な売買取引に関する基本的事項について，以下のとおり契約（以下，「本契約」という。）を締結する。

第1条（目的）

　本契約に基づき，乙は，商品を甲に継続的に供給し，甲は，商品を継続的に購入するものとし，もって，共同の利益の増進と円滑な取引の維持を図る。

第2条（個別契約）

　乙から甲に売り渡される商品の品名，仕様，種類，数量，価格，納期，納品場所，受渡条件等売買に必要な条件は，本契約に定めるものを除き，個別契約にて別途定める。

第3条（引渡し）

　本契約に基づく商品の引渡しは，個別契約の定めに従う。

第4条（所有権の移転）

　商品に係る所有権は，商品を引き渡した時点をもって，乙から甲に移転する。

第5条（代金の支払い）

1　乙は，毎月末日を締め切りとして，当月に甲が検収した商品に関する甲の代金支払総額を集計し，所定の明細票により甲にこれを通知する。甲は，当該代金支払総額を締め日の翌月末日限り，別途乙が指定する方法により支払うものとする。

2　甲が前項の代金の支払いを怠った場合，甲は，乙に対し，支払期限の翌日から支払済みまで法定利率の割合による遅延損害金を支払うものとする。

3　前項の法定利率は，甲が遅滞の責任を負った最初の時点における法定利率

を適用するものとする。

第6条（引渡し前の滅失）

商品の引渡前に，天災地変その他の売主又は買主のいずれの責めに帰すことができない事由によって商品が滅失した時は，買主は，売買代金の支払いを拒絶し，あるいは，この契約を解除することができる。

第7条（検査・検収）

1　甲は，商品受領後遅滞なく，甲乙別途協議した検査方法により，商品の数量及び内容の検査を行い，合格したものを検収する。

2　（以下，省略）

第8条（契約不適合責任）

1　乙が納品した商品が種類，品質又は数量に関して契約の内容に適合しないものであるとき（以下「契約不適合」という。）は，甲は，乙に対し，商品の修補，代替物の引渡し又は不足分の引渡しによる履行の追完を請求することができる。ただし，乙は，甲に不相当な負担を課することができないときは，甲が請求した方法と異なる方法による履行の追完をすることができる。

2　前項の不適合が甲の責めに帰すべき事由によるものであるときは，甲は，同項の規定による履行の追完請求をすることができない。

3　第1項本文に規定する契約不適合の場合において，甲が相当の期間を定めて履行の追完の催告をし，その期間内に履行の追完がないときは，甲は，乙に対し，その不適合の程度に応じて代金の減額を請求することができる。

4　前項の規定にかかわらず，次に掲げる場合には，甲は，同項の催告をすることなく，直ちに代金の減額を請求することができる。

①　履行の追完が不能であるとき。

②　乙が履行の追完を拒絶する意思を明確に表示したとき。

③　契約の性質又は当事者の意思表示により，特定の日時又は一定の期間内に履行をしなければ契約をした目的を達成することができない場合において，乙が履行の追完をしないでその時期を経過したとき。

第**3**編　債権各論

④　前3号に掲げる場合のほか，甲が前項の催告をしても履行の追完を受ける見込みがないことが明らかであるとき。

5　第1項の不適合が甲の責めに帰すべき事由によるものであるときは，甲は，前2項の規定による代金の減額請求をすることができない。

6　第1項ないし前項の規定は，次条の規定による損害賠償の請求並びに第10条規定による解除権の行使を妨げない。

7　乙が種類又は品質に関して契約の内容に適合しない目的物を甲に引き渡した場合において，甲がその不適合を知った時から1年以内にその旨を乙に通知しないときは，甲は，その不適合を理由として，履行の追完の請求，代金の減額の請求，損害賠償の請求及び契約の解除をすることができない。ただし，乙が引渡しの時にその不適合を知り，又は重大な過失によって知らなかったときは，この限りでない。

第9条（損害賠償）

1　甲及び乙が，債務の本旨に従って債務を履行しないとき又は債務の履行が不能であるときは，不履行者の相手方は，これによって生じた損害の賠償を請求することができる。ただし，その債務の不履行が契約その他の債務の発生原因及び取引上の社会通念に照らして不履行者の責めに帰することができない事由によるものであるときは，この限りでない。

2　甲及び乙は，特別の事情によって生じた損害であっても，相手方がその事情を予見すべきであったときは，その賠償を請求することができる。

第10条（契約の解除）

1　甲又は乙が，この契約に定める債務を履行しないときは，その相手方は，相当の期間を定めて催告し，その期間内に履行がないときは，その相手方は，本契約を解除することができる。ただし，その期間を経過した時における債務の不履行が本契約及び取引上の社会通念に照らして軽微であるときは，解除の効力は認められないものとする。

2　次のいずれかに該当するときは，甲又は乙は，前項の催告を要することなく，直ちに本契約を解除することができる。

① 相手方の債務の全部の履行が不履行であるとき。

② 相手方がその債務の全部の履行を拒絶する意思を明確に表示したとき。

③ 債務の一部の履行が不能である場合又は相手方がその債務の一部の履行を拒絶する意思を明確に表示した場合において，残存する部分のみでは契約をした目的を達成することができないとき。

④ 契約の性質又は当事者の意思表示により，特定の日時又は一定の期間内に履行をしなければ契約をした目的を達成することができない場合において，相手方が履行をしないでその時期を経過したとき。

⑤ ①から④までに掲げる場合のほか，相手方はその債務の履行をせず，第1項の催告をしても契約をした目的を達するのに足りる履行がされる見込みがないことが明らかであるとき。

3 次に掲げる場合には，甲又は乙は，第1項の催告をすることなく，直ちに本契約の一部の解除をすることができる。

① 債務の一部の履行が不能であるとき。

② 相手方がその債務の一部の履行を拒絶する意思を明確に表示したとき。

4 本条により本契約が解除された場合，当事者の一方の責めに帰すべき事由があったときはその者に対する損害賠償の請求を妨げない。

第11条（期限の利益の喪失）

当事者の一方が本契約に定める条項に違反した場合，相手方の書面による通知により，相手方に対する一切の債務について期限の利益を喪失し，直ちに相手方に弁済しなければならない。（以下，省略）

第12条（有効期間）

1 本契約は，平成○年○月○日より○年間有効とする。

2 （以下，省略）

第13条（合意管轄）

本契約に関連する訴訟については，神戸地方裁判所を第一審の専属的合意管轄裁判所とする。

第3編 債権各論

第14条（誠実協議）

　本契約に定めの事項及び本契約の内容の解釈につき相違のある事項については，本契約の趣旨に従い，両当事者間で誠実に協議の上，これを解決する。

　本契約の成立を証するため本書2通を作成し，各自記名押印の上，各1通を保有する。

　　　平成○年○月○日

　　　　　甲

　　　　　乙

第3章

賃貸借契約

1 賃貸借契約の意義

賃貸借契約とは，当事者の一方が相手方に対し，ある物の使用収益をさせることを約束し，相手方がこれに賃料を支払うこと及び引渡しを受けた物を契約終了時に返還することを約束することによって成立する契約をいいます（601条）。

（賃貸借）

第601条　賃貸借は，当事者の一方がある物の使用及び収益を相手方にさせることを約し，相手方がこれに対してその賃料を支払うこと及び引渡しを受けた物を契約が終了したときに返還することを約することによって，その効力を生ずる。

「物」とは有体物（85条，86条）を指し，「財産権」を対象とする売買よりも対象が狭くなっています。

（定義）

第85条　この法律において「物」とは，有体物をいう。

（不動産及び動産）

第86条

1項　土地及びその定着物は，不動産とする。

第**3**編　債権各論

> 2項　不動産以外の物は，すべて動産とする。

「物」は，他人が所有する物でも構いません（**他人物賃貸借**。559条以下）。

> **（有償契約への準用）**
>
> 第**559**条　この節の規定は，売買以外の有償契約について準用する。ただし，その有償契約の性質がこれを許さないときは，この限りでない。
>
> **（権利移転の対抗要件に係る売主の義務）**
>
> 第**560**条　売主は，買主に対し，登記，登録その他の売買の目的である権利の移転についての対抗要件を備えさせる義務を負う。
>
> **（他人の権利の売買における売主の義務）**
>
> 第**561**条　他人の権利（権利の一部が他人に属する場合におけるその権利の一部を含む。）を売買の目的としたときは，売主は，その権利を取得して買主に移転する義務を負う。
>
> **（買主の追完請求権）**
>
> 第**562**条
>
> 1項　引き渡された目的物が種類，品質又は数量に関して契約の内容に適合しないものであるときは，買主は，売主に対し，目的物の修補，代替物の引渡し又は不足分の引渡しによる履行の追完を請求することができる。ただし，売主は，買主に不相当な負担を課するものでないときは，買主が請求した方法と異なる方法による履行の追完をすることができる。
>
> 2項　前項の不適合が買主の責めに帰すべき事由によるものであるときは，買主は，同項の規定による履行の追完の請求をすることができない。

　ここでは，売買の規定が賃貸借に準用される形となっていることに注意してください。

　他人物賃貸借も有効なため，賃貸人が賃貸借の目的物を所有していないとしても，錯誤取消し（95条）は認められません（大判昭和3年7月11日）。

第3章　賃貸借契約

2　当事者の義務

(1)　賃貸人の義務

　賃貸人には，目的物を**使用収益させる義務**があります（601条）。無償で貸し渡すという使用貸借とは異なり，賃貸人は，**賃借物を賃借人が契約目的に従って使用収益できるのに適した状態に置く**という積極的義務を負います。

①　修繕義務

　賃貸人には，賃借物の使用収益に必要な修繕をする義務があります（606条1項本文）。

（賃貸人による修繕等）

第606条

1項　賃貸人は，賃貸物の使用及び収益に必要な修繕をする義務を負う。ただし，賃借人の責めに帰すべき事由によってその修繕が必要となったときは，この限りでない。

2項　賃貸人が賃貸物の保存に必要な行為をしようとするときは，賃借人は，これを拒むことができない。

---

②　保護義務

　また，第三者が賃借物の使用収益を妨害するときは，賃貸人は妨害を排除しなければなりません（**妨害排除義務**）。

③　その他

　賃貸借では，契約目的に従って使用収益する際に生じる費用の多くが賃貸人の負担となります。

　まず，賃借人は，賃貸人の負担に属する必要費を支出したときは，直ちに賃貸人に償還を請求することができます（608条1項）。

83

第**3**編　債権各論

（賃借人による費用の償還請求）

第608条

1項　賃借人は，賃借物について賃貸人の負担に属する必要費を支出したときは，賃貸人に対し，直ちにその償還を請求することができる。

2項　賃借人が賃借物について有益費を支出したときは，賃貸人は，賃貸借の終了の時に，第196条第2項の規定に従い，その償還をしなければならない。ただし，裁判所は，賃貸人の請求により，その償還について相当の期限を許与することができる。

　たとえば，借家の雨漏りの修繕に要した費用や破損した窓ガラスの取替費用などがこれに当たります。

●コラム●　建物賃貸借における通常損耗の扱い　　column

　賃借人が，通常の用法に従って使用していても，目的物が一定程度損耗していくことは十分にあり得ます。従来は，経年劣化などについて，賃貸人が敷金の返還に際して差し引くなどして，紛争になることもありました。

　判例は，「賃借人は，賃貸借契約が終了した場合には，賃借物件を原状に回復して賃貸人に返還する義務があるところ，賃貸借契約は，賃借人による賃借物件の使用とその対価としての賃料の支払を内容とするものであり，賃借物件の損耗の発生は，賃貸借という契約の本質上当然に予定されているものである。それゆえ，建物の賃貸借においては，賃借人が社会通念上通常の使用をした場合に生ずる賃借物件の劣化又は価値の減少を意味する通常損耗に係る投下資本の減価の回収は，通常，減価償却費や修繕費等の必要経費分を賃料の中に含ませてその支払を受けることにより行われている。そうすると，建物の賃借人にその賃貸借において生ずる通常損耗

第3章　賃貸借契約

についての原状回復義務を負わせるのは，賃借人に予期しない特別の負担を課すことになるから，賃借人に同義務が認められるためには，少なくとも，賃借人が補修費用を負担することになる通常損耗の範囲が賃貸借契約書の条項自体に具体的に明記されているか，仮に賃貸借契約書では明らかでない場合には，賃貸人が口頭により説明し，賃借人がその旨を明確に認識し，それを合意の内容としたものと認められるなど，その旨の特約（以下「通常損耗補修特約」という。）が明確に合意されていることが必要であると解するのが相当である。」としました（最判平成17年12月16日）。そのため，通常損耗補修特約が明確に合意されていない場合は，通常損耗の補修費用は「賃貸人の負担に属する必要費」とされることになります。

　そうすると，賃貸人としては通常損耗補修特約を明示的に合意するようにしなければならなくなるわけですが，これによって，賃借人は，そうした費用負担と月々の賃料を総合的に判断して，契約を結ぶかを判断することができることになるでしょう。

賃貸人が引き渡した目的物が契約に適合しない物であった場合，賃貸人には売主の担保責任が準用されます（562条ないし564条）。

(2)　賃借人の義務

①　賃料支払義務

賃借人には，約定された賃料を支払う義務があります（601条）。

> **（賃貸借）**
>
> 第601条　賃貸借は，当事者の一方がある物の使用及び収益を相手方にさせることを約し，相手方がこれに対してその賃料を支払うこと及び引渡しを受けた物を契約が終了したときに返還することを約することによって，その効力を生ずる。

② 用法遵守義務

賃借人は，契約または目的物の性質によって定まった用法に従って使用収益しなければなりません（616条，594条1項）。

（賃借人による使用及び収益）

第616条 第594条第1項の規定は，賃貸借について準用する。

（借主による使用及び収益）

第594条

1項 借主は，契約又はその目的物の性質によって定まった用法に従い，その物の使用及び収益をしなければならない。

2項，3項（略）

③ 保存義務

賃借人は，目的物を返還するまで，善良な管理者の注意をもって保存する義務を負います（400条）。

（特定物の引渡しの場合の注意義務）

第400条 債権の目的が特定物の引渡しであるときは，債務者は，その引渡しをするまで，契約その他の債権の発生原因及び取引上の社会通念に照らして定まる善良な管理者の注意をもって，その物を保存しなければならない。

④ 保存行為の受忍義務

賃借人は，賃貸人の保存行為を拒むことはできません（606条2項）。

（賃貸人による修繕等）

第606条

1項（略）

2項 賃貸人が賃貸物の保存に必要な行為をしようとするときは，賃借人は，これを拒むことができない。

第 3 章　賃貸借契約

3　賃貸借契約の終了

　賃貸借契約は，以下の事由によって終了します。

(1)　存続期間の満了

(2)　賃借物の全部滅失による終了（616 条の 2）

（賃借物の全部滅失等による賃貸借の終了）

第 616 条の 2　賃借物の全部が滅失その他の事由により使用及び収益をすることができなくなった場合には，賃貸借は，これによって終了する。

(3)　契約の解除

①　債務不履行

催告解除（541 条）と催告によらない解除（542 条）があります。

（催告による解除）

第 541 条　当事者の一方がその債務を履行しない場合において，相手方が相当の期間を定めてその履行の催告をし，その期間内に履行がないときは，相手方は，契約の解除をすることができる。ただし，その期間を経過した時における債務の不履行がその契約及び取引上の社会通念に照らして軽微であるときは，この限りでない。

（催告によらない解除）

第 542 条

1 項　次に掲げる場合には，債権者は，前条の催告をすることなく，直ちに契約の解除をすることができる。

　一　債務の全部の履行が不能であるとき。

　二　債務者がその債務の全部の履行を拒絶する意思を明確に表示したとき。

　三　債務の一部の履行が不能である場合又は債務者がその債務の一部の履行を拒絶する意思を明確に表示した場合において，残存する部分のみでは契約をした目的を達することができないとき。

　四　契約の性質又は当事者の意思表示により，特定の日時又は一定の期間内に

第3編 債権各論

履行をしなければ契約をした目的を達することができない場合において、債務者が履行をしないでその時期を経過したとき。

五　前各号に掲げる場合のほか、債務者がその債務の履行をせず、債権者が前条の催告をしても契約をした目的を達するのに足りる履行がされる見込みがないことが明らかであるとき。

2項　次に掲げる場合には、債権者は、前条の催告をすることなく、直ちに契約の一部の解除をすることができる。

一　債務の一部の履行が不能であるとき。

二　債務者がその債務の一部の履行を拒絶する意思を明確に表示したとき。

　賃貸借契約の解除は、解約告知といわれ、その効果は、将来に向かってのみ生じます（620条前段）。継続的契約であることによります。

（賃貸借の解除の効力）

第620条　賃貸借の解除をした場合には、その解除は、将来に向かってのみその効力を生ずる。この場合においては、損害賠償の請求を妨げない。

② その他

　まず、賃借人の意思に反する賃貸人の保存行為によって賃借目的が達成不能となった場合、賃借人は契約を解除することができます（607条）。

（賃借人の意思に反する保存行為）

第607条　賃貸人が賃借人の意思に反して保存行為をしようとする場合において、そのために賃借人が賃借をした目的を達することができなくなるときは、賃借人は、契約の解除をすることができる。

　また、賃借物の一部滅失によって賃借目的が達成不能となった場合、賃借人は契約を解除することができます（611条2項）。

第3章　賃貸借契約

（賃借物の一部滅失等による賃料の減額等）

第611条

1項（略）

2項　賃借物の一部が滅失その他の事由により使用及び収益をすることができなくなった場合において，残存する部分のみでは賃借人が賃借をした目的を達することができないときは，賃借人は，契約の解除をすることができる。

　さらに，賃借人が無断譲渡・転貸した場合に，賃貸人は契約を解除することができます（612条2項）。

（賃借権の譲渡及び転貸の制限）

第612条

1項　賃借人は，賃貸人の承諾を得なければ，その賃借権を譲り渡し，又は賃借物を転貸することができない。

2項　賃借人が前項の規定に違反して第三者に賃借物の使用又は収益をさせたときは，賃貸人は，契約の解除をすることができる。

　ここでは，賃借人が，賃借権の譲渡契約や転貸契約を結んだだけでなく，「第三者に賃借物の使用または収益をさせた」ことが必要とされています。したがって，賃借権の譲受人や転借人が実際に賃借物の使用収益をさせたことが必要となります（大判昭和13年4月16日）。

③　信頼関係破壊法理

　賃貸借契約は，継続的な信頼関係を基礎とする契約です。

　そのため，賃貸借契約上の義務違反があっても，賃借人の背信行為と認められない場合には，賃貸人の解除権の行使は許されません（最判昭和28年9月25日〔無断譲渡・転貸〕，最判昭和39年4月25日〔借家の賃料不払い〕，最判昭和41年4月21日〔借地の増改築禁止特約違反〕）。

　他方で，用法遵守義務違反が甚だしい場合など，信頼関係が破壊された場合

第**3**編　債権各論

は，賃貸人は**無催告**で賃貸借契約を解除することができます（最判昭和27年4月25日）。こちらは，解除できる場合が拡張されていることになります。

④　合意解除

賃貸人と賃借人が合意して契約を解除することができます。

ただし，合意解除は，適法な賃借人に対して主張（対抗）することはできません（613条3項本文）。

（転貸の効果）

第613条

1項，2項（略）

3項　賃借人が適法に賃貸物を転貸した場合には，賃貸人は，賃借人との間の賃貸借を合意により解除したことをもって転借人に対抗することができない。ただし，その解除の当時，賃貸人が賃借人の債務不履行による解除権を有していたときは，この限りでない。

●コラム●　借地借家法による借地人・借家人の保護　　column

賃借人は，不動産賃貸借について，登記を備えれば，賃借権を第三者に主張（対抗）することができます（605条）。

（不動産賃貸借の対抗力）

第605条　不動産の賃貸借は，これを登記したときは，その不動産について物権を取得した者その他の第三者に対抗することができる。

しかし，賃貸人には登記を備えさせる義務がありませんので，このような登記はあまり使われてきませんでした。そのため，賃借人は第三者に対して弱い立場にあったといえます。

そこで，1909年に建物保護ニ関スル法律が制定され，1921年に借地

第3章　賃貸借契約

法と借家法が制定されました。さらに，1991年には，これらの法律を統合し，新たな規律も加えた借地借家法が制定されました。

　今日では，民法の規律だけでは，賃貸借契約の規律を正しく把握することはできず，借地借家法の理解も重要となっています。本書では，触れることはできませんが，より深く学びたい人は契約各論の教科書を参照してください。

4　債権法改正の特徴

　賃貸借契約における今回の改正点は，大きく分けて6つの点を挙げることができます。

(1)　契約終了の規律

　第1に，**契約終了のルールを明文化**しました。

　具体的には，賃貸借の**冒頭規定**で目的物の返還義務を明確に位置づけ（601条），**借主の原状回復義務**（621条本文）が明記されました。

（賃貸借）

第601条　賃貸借は，当事者の一方がある物の使用及び収益を相手方にさせることを約し，相手方がこれに対してその賃料を支払うこと及び引渡しを受けた物を契約が終了したときに返還することを約することによって，その効力を生ずる。

（賃借人の原状回復義務）

第621条　賃借人は，賃借物を受け取った後にこれに生じた損傷（通常の使用及び収益によって生じた賃借物の損耗並びに賃借物の経年変化を除く。以下この条において同じ。）がある場合において，賃貸借が終了したときは，その損傷を原状に復する義務を負う。ただし，その損傷が賃借人の責めに帰することができない事由によるものであるときは，この限りでない。

第3編 債権各論

(2) 敷金の規律

第2に，敷金に関する判例法理が明文化されました（622条の2第1項）。

（敷金）

第622条の2

1項　賃貸人は，敷金（いかなる名目によるかを問わず，賃料債務その他の賃貸借に基づいて生ずる賃借人の賃貸人に対する金銭の給付を目的とする債務を担保する目的で，賃借人が賃貸人に交付する金銭をいう。以下この条において同じ。）を受け取っている場合において，次に掲げるときは，賃借人に対し，その受け取った敷金の額から賃貸借に基づいて生じた賃借人の賃貸人に対する金銭の給付を目的とする債務の額を控除した残額を返還しなければならない。

一　賃貸借が終了し，かつ，賃貸物の返還を受けたとき。

二　賃借人が適法に賃借権を譲り渡したとき。

2　賃貸人は，賃借人が賃貸借に基づいて生じた金銭の給付を目的とする債務を履行しないときは，敷金をその債務の弁済に充てることができる。この場合において，賃借人は，賃貸人に対し，敷金をその債務の弁済に充てることを請求することができない。

敷金とは，「いかなる名目によるかを問わず，賃料債務その他の賃貸借に基づいて生ずる賃借人の賃貸人に対する金銭の給付を目的とする債務を担保する目的で，賃借人が賃貸人に交付する金銭」をいいます（622条の2第1項）。

そして，賃貸借が終了して，かつ，賃貸物の返還を受けたとき，または，賃借人が適法に賃借権を譲渡したときに，賃貸人は，受領した額から賃借人の債務額を控除した残額を返還しなければなりません（622条の2第1項1号・2号）。

(3) 妨害排除請求権

第3に，不法占拠等に対する妨害排除請求権が明文化されました。

債権は，特定人の特定人に対する請求です。そして，賃借権は，債権ですか

第3章　賃貸借契約

ら，目的物の使用収益は，賃貸人に対してしか請求できないのが筋合いです。

　しかし，賃借人保護の見地から，賃借人が不動産の対抗要件を備えた場合には，例外的に第三者に対しても自らの使用収益権能を主張することができると解されてきました（**不動産賃借権の物権化**）。

　改正法は，このような判例法理を明文化しています（605条の4）。

（不動産の賃借人による妨害の停止の請求等）

第605条の4　不動産の賃借人は，第605条の2第1項に規定する対抗要件を備えた場合において，次の各号に掲げるときは，それぞれ当該各号に定める請求をすることができる。

　一　その不動産の占有を第三者が妨害しているとき　その第三者に対する妨害の停止の請求

　二　その不動産を第三者が占有しているとき　その第三者に対する返還の請求

⑷　賃貸人の地位の留保

　第4に，不動産の証券化・流動化を支える法制度，すなわち，**賃貸人の地位を留保する特約**が明文で規定されました（605条の2第2項）。

（不動産の賃貸人たる地位の移転）

第605条の2

1項　前条，借地借家法（平成3年法律第90号）第10条又は第31条その他の法令の規定による賃貸借の対抗要件を備えた場合において，その不動産が譲渡されたときは，その不動産の賃貸人たる地位は，その譲受人に移転する。

2項　前項の規定にかかわらず，不動産の譲渡人及び譲受人が，賃貸人たる地位を譲渡人に留保する旨及びその不動産を譲受人が譲渡人に賃貸する旨の合意をしたときは，賃貸人たる地位は，譲受人に移転しない。この場合において，譲渡人と譲受人又はその承継人との間の賃貸借が終了したときは，譲渡人に留保されていた賃貸人たる地位は，譲受人又はその承継人に移転する。

3項　第1項又は前項後段の規定による賃貸人たる地位の移転は，賃貸物である

第**3**編 債権各論

> 不動産について所有権の移転の登記をしなければ,賃借人に対抗することがで
> きない。
>
> **4項** 第1項又は第2項後段の規定により賃貸人たる地位が譲受人又はその承継
> 人に移転したときは,第608条の規定による費用の償還に係る債務及び第
> 622条の2第1項の規定による同項に規定する敷金の返還に係る債務は,譲受
> 人又はその承継人が承継する。

⑸ 存続期間

第5に,賃貸借の<u>存続期間の上限引上げ</u>があります。

旧法では,賃貸借の存続期間は20年を超えることができず,契約でこれよ
り長い期間を定めても,期間は20年とされていました(旧604条)。20年の上
限について起草者は,長期の利用権については地上権や永小作権が設定される
ことを考慮していましたが,それは実態を反映していませんでした。そこで,
法では,賃貸借の存続期間の上限を**50年**に引き上げました(604条)。

> **(賃貸借の存続期間)**
>
> **第604条**
>
> **1項** 賃貸借の存続期間は,50年を超えることができない。契約でこれより長い
> 期間を定めたときであっても,その期間は,50年とする。
>
> **2項** 賃貸借の存続期間は,更新することができる。ただし,その期間は,更新
> の時から50年を超えることができない。

⑹ その他

第6に,自然災害により賃貸目的物が被災した場合等の事態を考慮して,居
住困難になった場合の賃料減額請求権・解除(611条),賃借物が全部滅失した
場合の当然終了(616条の2)及び賃借物が損壊した場合の賃借人による修繕
(607条の2)を認める規定が新設されました。

第3章　賃貸借契約

（賃借人による修繕）

第607条の2　賃借物の修繕が必要である場合において，次に掲げるときは，賃借人は，その修繕をすることができる。

一　賃借人が賃貸人に修繕が必要である旨を通知し，又は賃貸人がその旨を知ったにもかかわらず，賃貸人が相当の期間内に必要な修繕をしないとき。

二　急迫の事情があるとき。

（賃借物の一部滅失等による賃料の減額等）

第611条

1項　賃借物の一部が滅失その他の事由により使用及び収益をすることができなくなった場合において，それが賃借人の責めに帰することができない事由によるものであるときは，賃料は，その使用及び収益をすることができなくなった部分の割合に応じて，減額される。

2項　賃借物の一部が滅失その他の事由により使用及び収益をすることができなくなった場合において，残存する部分のみでは賃借人が賃借をした目的を達することができないときは，賃借人は，契約の解除をすることができる。

（賃借物の全部滅失等による賃貸借の終了）

第616条の2　賃借物の全部が滅失その他の事由により使用及び収益をすることができなくなった場合には，賃貸借は，これによって終了する。

●ケース●　無断転貸　　case

　甲は，乙に対し，その所有するA地を，石材置場に使用する目的で10年間賃貸したが，賃借権設定登記はなかった。乙は，その土地の2分の1を石材置場に使用していたが，間もなく残り2分の1を建物所有のために丙に転貸した。丙は，乙が甲から転貸の承諾を得ていないことを知りながら，その土地で建物の建築に着手した。

　このような状況下で，甲からA地の所有権を譲り受け移転登記を経由し

第3編　債権各論

た丙は，乙に対し，その使用部分の明渡しを請求した。丙の請求は認めるべきであるか。この請求が，無断転貸による解除を根拠とする場合に限定し，丙の立場で考えられる主張と，乙の立場で考えられるこれに対する反論とを挙げて，論ぜよ。

(旧司S49－1改題)

　まず，「不動産の譲渡人が賃貸人であるときは，その賃貸人たる地位は，賃借人の承諾を要しないで，譲渡人と譲受人との合意により，譲受人に移転されることができる。」と規定されています（605条の3）。

（合意による不動産の賃貸人たる地位の移転）

第605条の3　不動産の譲渡人が賃貸人であるときは，その賃貸人たる地位は，賃借人の承諾を要しないで，譲渡人と譲受人との合意により，譲受人に移転させることができる。この場合においては，前条第3項及び第4項の規定を準用する。

　そのため，甲丙間におけるA地の売買契約（555条）に基づき，乙の承諾なく，丙は賃貸人たる地位を取得することになります。
　そして，乙丙間の転貸借契約はA土地の所有者甲の「承諾」（612条1項）なく行われた無断転貸であるから，丙は乙に対して612条2項に基づき賃貸借契約の解除を主張することになります。

（賃借物の譲渡及び転貸の制限）

第612条

1項　賃借人は，賃貸人の承諾を得なければ，その賃借権を譲り渡し，又は賃借物を転貸することができない。

2項　賃借人が前項の規定に違反して第三者に賃借物の使用又は収益をさせたときは，賃貸人は，契約の解除をすることができる。

　これに対して，乙の立場としては，A地の2分の1について石材置き場に使

第3章　賃貸借契約

用していたことから，無断転貸には該当しないと反論することになります。具体的には，賃借人の当該行為が賃貸人に対する背信的行為と認めるに足らない特段の事情がある場合に該当することを主張することになります。

　仮に，無断転貸に該当する場合には，丙が無断転貸を主張することは，信義則（1条2項）に反すると主張していくことになります。

【賃貸借契約書の一例】

　賃貸人○○（以下，「甲」という。）と賃借人○○（以下，「乙」という。）とは，次のとおり建物賃貸借契約（以下，「本契約」という。）を締結する。

第1条（契約の目的）

　甲は乙に対し，下記②記載の物件（以下，「本物件」という。）を賃貸し，乙はこれを賃借する。

記

　　①　建物の表示
　　　　　　所在
　　　　　　家屋番号
　　　　　　種類
　　　　　　構造
　　　　　　床面積

　　②　本物件の表示
　　　　　　上記①記載の建物のうち2階部分

第2条（賃貸借期間）

　賃貸借の期間は，平成　　年　　月　　日から50年とする。

第3条（使用目的）

　乙は，居住のみを目的として本物件を使用しなければならない。

第**3**編　債権各論

第4条（賃料・共益費・賃料の改定）

省略

第5条（敷金）

1　乙は，甲から本物件の引渡しを受けると同時に，敷金として金〇〇〇〇円を甲に預託する。この敷金には利息を付さない。

2　敷金は，賃料債務その他の賃貸借に基づいて生ずる乙の甲に対する金銭債務を担保するものであり，乙が賃貸借に基づいて生じた金銭債務を履行しないときは，敷金をその債務の弁済にあてることができる。この場合において，乙は，甲に対して敷金をその債務の弁済にあてることを請求することができない。

3　甲は，以下各号に該当する場合，本条1項に定める敷金の額から賃貸借により生じた乙の甲に対する金銭債務の額を控除した残額を返還しなければならない。

　　①　賃貸借が終了し，かつ本物件の返還を受けたとき。

　　②　乙が適法に賃借権を譲り渡したとき。

第6条（修繕等）

1　甲は，本物件の使用及び収益に必要な修繕をする義務を負う。但し，乙の責めに帰すべき事由によってその修繕が必要となった時はこの限りではない。

2　乙は，以下の各号に該当する場合，本物件の修繕をすることができる。

　　①　乙が甲に修繕が必要である旨を通知し，又は甲がその旨を知ったにもかかわらず，甲が相当の期間内に必要な修繕をしないとき。

　　②　急迫の事情があるとき。

第7条（全部・一部滅失等と賃料減額等）

1　本物件の一部が滅失その他の事由により使用又は収益をすることができなくなった場合において，それが乙の責めに帰することができない事由によるときは，賃料は，その使用及び収益をすることができなくなった部分の割合

第3章 賃貸借契約

に応じて，減額される。

2　本物件の一部が滅失その他の事由により使用及び収益をすることができなくなった場合において，残存する部分のみでは乙が賃借をした目的を達成することができないときは，乙は，契約の解除をすることができる。

3　本物件の全部が滅失その他の事由により使用及び収益をすることができなくなった場合には，本契約はこれにより終了する。

第8条（禁止行為）

1　乙は，甲の書面による承諾を得ることなく，本物件の全部又は一部につき，賃借権を譲渡し，又は転貸してはならない。

2　乙は，甲の書面による承諾を得ることなく，本物件の増築，改築，移転，改造若しくは模様替え又は本物件の敷地内における工作物の設置を行ってはならない。

3　乙は，本物件の使用に当たり，次の各号に掲げる行為を行ってはならない。

　①　銃砲，刀剣類又は爆発性，発火性を有する危険な物品等を製造又は保管すること

　②　大型の金庫その他の重量の大きな物品等を搬入し，又は備え付けること

　③　排水管を腐食させるおそれのある液体を流すこと

　④　大音量でテレビ，ステレオ等の操作，ピアノ等の演奏を行うこと

　⑤　猛獣，毒蛇等明らかに近隣に迷惑をかける動物を飼育すること

　⑥　公序良俗に反する行為など，近隣の住民等に迷惑をかけること

　⑦　緊急通報装置を本来の目的以外の目的で使用すること

　⑧　他の乙の占有，使用に著しい妨害を与えるなど，共同生活の秩序を乱すこと

　⑨　政治活動及び布教活動

　⑩　上記のほか，他人の住戸部分への無断侵入，喧騒を発するなど風紀を乱し，他の居住者へ迷惑となる一切の行為

第**3**編　債権各論

第9条（反社会的勢力の排除）

　売主及び買主は，それぞれ相手方に対し，次の各号の事項を確約する。

①　自らが，暴力団，暴力団関係企業，総会屋若しくはこれらに準ずる者又はその構成（以下総称して「反社会的勢力」という。）ではないこと。

②　自らの役員（業務を執行する社員，取締役，執行役又はこれらに準ずる者をいう。）が反社会的勢力ではないこと。

③　反社会的勢力に自己の名義を利用させ，この契約を締結するものでないこと。

④　本物件の引渡し及び売買代金の全額の支払いのいずれもが終了するまでの間に，自ら又は第三者を利用して，この契約に関して次の行為をしないこと。

　　ア　相手方に対する脅迫的な言動又は暴力を用いる行為

　　イ　偽計又は威力を用いて相手方の業務を妨害し，又は信用を毀損する行為

第10条（契約解除）

1　甲または乙は，相手方が以下の各号の一に該当する場合，甲は催告なしに直ちに本契約を解除することができる。

①　第3条に定める使用目的に違反した場合。

②　第4条に定める賃料・共益費の支払いを怠った場合。

③　支払停止若しくは支払不能の状況に陥ったとき。

2　前項により本契約が解除された場合，その解除は将来に向かってのみその効力を生ずる。この場合においては損害賠償の請求を妨げない。

第11条（乙の原状回復義務）

　乙は，本物件を受け取った後にこれにより生じた損傷（通常の使用及び収益によって生じた本物件の損耗並びに本物件の経年変化を除く。以下本条において同じ。）がある場合において，本契約が終了した場合には，その損傷を原状に復する義務を負う。ただし，その損傷が乙の責めに帰することができない事由によるものであるときはこの限りでない。

第3章　賃貸借契約

第 12 条（造作買取請求権）

　乙は，本物件の明け渡しに際し，その事由及び名目の如何を問わず，本物件及び造作設備について支出した諸費用の償還請求又は移転料，立退料，権利金等一切の金銭を請求することはできず，本物件内に乙の費用をもって設置した造作設備の買取を甲に請求することはできない。

第 13 条（連帯保証）

1　連帯保証人（以下，「丙」とする。）は，甲に対し，本契約から生ずる一切の債務につき，その支払いを連帯保証する。

2　前項による丙の保証極度額は，〇円とする。

3　乙は，丙に対して，民法 465 条の 10 第 1 項所定の事項につき，真実・正確に情報提供，説明した。丙は，その情報提供，説明を受けたことを確認する。乙は，甲及び丙に対し，同説明内容が真実であることを表明し，保証する。

4　甲の丙に対する履行請求は，民法 458 条及び 441 条の規定にかかわらず，乙に対しても効力を有するものとする。

第 14 条（合意管轄）

　本契約から生じる紛争については，神戸地方裁判所を 第一審の専属的合意管轄裁判所とする。

第 15 条（特約事項）

1　甲及び乙は，本物件が譲渡されたとき，甲たる地位は，乙の承諾を得ないで譲受人に移転する。

2　甲及び乙は本物件が譲渡された際に甲たる本物件の譲渡人と譲受人との間で甲たる地位を甲に留保する旨の合意をしたときは，当該合意に対する乙の承諾は不要であることを確認する。なお，甲はかかる合意を締結した場合，乙にその旨を書面にて通知する。

　本契約の成立を証するため本書 2 通を作成し，各自記名押印の上，各 1 通を

保有する。

　　　平成○年○月○日

　　　　　甲

　　　　　乙

第4章

請負契約

1 請負の意義

請負とは，当事者の一方がある仕事を完成させることを約束し，相手方がその仕事の結果に対して報酬を与えることを約束する契約をいいます（632条）。

（請負）

第632条 請負は，当事者の一方がある仕事を完成することを約し，相手方がその仕事の結果に対してその報酬を支払うことを約することによって，その効力を生ずる。

請負は，労務によって作り出される結果（**仕事の完成**）を目的とする点に特徴があります。

●コラム● 製作物供給契約　　　　　　　　　column

請負と似た契約として，製作物供給契約があげられることがあります。

これは，当事者の一方が相手方の注文に応じて自己の所有に属する材料を用いて物を製作する契約をいいます。

製作物供給契約では，物の製作の側面には請負の規律が適用され，完成物の移転の側面には売買の規律が適用されます。

第3編　債権各論

2　請負の成立

請負は，当事者の合意のみによって成立します（**諾成契約**）。

なお，建築請負等では，契約条件を書面で定めることが要求されていますが（建設業法19条等），これは契約の成立要件ではないとされています。

3　請負の効力

(1)　請負人の義務

請負人は，**仕事を完成する義務**を負います。

また，請負人の仕事が有形物の完成にある場合，請負人は**完成物引渡義務**を負います。

●コラム●　**下請負**　　　column

特に建物の請負契約において，下請負契約が結ばれることが少なくありません。これは，一つの建物を建築するのに，様々な専門職が関与する必要があることによります。

下請負契約は，請負人（元請負人）と下請負人の間でなされる合意ですので，注文主と下請負人の間には直接の契約関係はありません。そうすると，元請負人が倒産等した場合に，下請負人が不測の損害を受けることがあり，立場の弱い下請負人を保護すべきでないかが問題となることがあります。しかし，注文主は報酬を支払済みのことが多く，注文主の関与しない下請負契約の効力を及ぼすことは難しいのが実情です。

また，注文主と請負人の間で，建物の所有権を注文主の帰属とする特約が結ばれることがあります。ここで，下請負契約が請負契約とは別契約であることからすれば，こうした特約の効力は下請負人に及ばないとも思えます。しかし，判例は「下請負人は，注文者との関係では，元請負人のいわば履行補助者的立場に立つ」として，特約の効力を下請負人に及ぼして

います（最判平成5年10月19日）。ここでは，請負契約が注文主の利益のためになされる契約であることが重視されているとみることもできるでしょう。

(2) 注文者の義務

注文者は，**報酬支払義務**を負います。

●コラム● 報酬の定め方　　　　　　　　　　　　　column

　請負契約では，報酬の内容や金額をどのように定めるかは，当事者の合意によって決されます。しかし，特に建築請負においては，工期が長期間にわたることがあるため，原材料費の高騰や天変地異，法規制の強化など，予測不可能な事情が生じ得ます。そのため，報酬の定め方が難しく，場合によっては，曖昧な報酬の定め方が原因で深刻な紛争が生じることがあります。

　まず，定額請負 (lump-sum) では，予想外の費用の増大は請負人が負担することになります。これは，一見注文主に有利なようにも見えますが，請負人が経費を削減する中で，仕事の質を維持できなくなることがあり得るため，問題を孕んでいます。

　次に，概算請負 (cost-plus-fee) では，実費を基準に報酬額の増減を定めますので，上記のような弊害を避けることができます。しかし，他方で，請負人が，漫然と仕事を引き延ばすことによって実費を増加させるおそれがあり，万全ではありません。

　結局，約款や契約条項によって，こうしたリスクに対応せざるを得ないのが実情です。難しい問題ですが，法律家の工夫の余地の大きい分野ということもできるでしょう。

第**3**編　債権各論

4　仕事完成前の任意解除権

　請負人が仕事を完成しない間は，注文者はいつでも契約の解除をすることができます（641 条）。これを**任意解除権**と呼びます。

　請負契約が注文者のための契約であることを反映した規定です。

> **（注文者による契約の解除）**
> 第**641**条　請負人が仕事を完成しない間は，注文者は，いつでも損害を賠償して契約の解除をすることができる。

　注文者は，任意解除をするに先立って損害賠償を提供する必要はありません（大判明治 37 年 10 月 1 日）。なお，請負人の原状回復義務と注文者の任意解除に伴う損害賠償義務は，同時履行の関係にあると解されます。

　目的物が可分で完成した部分だけでも当事者に利益がある場合は，**契約の一部解除**も認められます（大判昭和 7 年 4 月 30 日）。

5　仕事の完成と所有権の帰属

(1)　引渡しが必要ない場合

　仕事の完成と**同時**に目的物の所有権は注文者に帰属します。

(2)　引渡しが必要な場合

　まず，当事者間に**特約**がある場合は，特約によって所有権の帰属が決まります（最判昭和 46 年 3 月 5 日）。

　次に，このような特約がない場合は，**誰が材料を提供したか**によって，所有権の帰属が決まります（大判昭和 7 年 5 月 9 日，大判明治 37 年 6 月 22 日，大判大正 3 年 12 月 26 日）。注文者が材料の購入費を負担する場合は，実質的には注文者が材料を提供したものと解されます（大判昭和 10 年 11 月 6 日）。

　第三者が建物を完成した場合は，**加工の法理**（246 条）によって判断されます（最判昭和 54 年 1 月 25 日）。これは，材料に対して加えられる工事が特段の価値を有すると考えられるためです。

106

第4章　請負契約

> **（加工）**
>
> **第246条**
>
> 1項　他人の動産に工作を加えた者（以下この条において「加工者」という。）が
> あるときは，その加工物の所有権は，材料の所有者に帰属する。ただし，工作
> によって生じた価格が材料の価格を著しく超えるときは，加工者がその加工物
> の所有権を取得する。
>
> 2項　前項に規定する場合において，加工者が材料の一部を供したときは，その
> 価格に工作によって生じた価格を加えたものが他人の材料の価格を超えるとき
> に限り，加工者がその加工物の所有権を取得する。

6　債権法改正の特徴

　請負契約における今回の改正点は，大別すると，2つあります。

(1)　出来高に応じた報酬の支払

　第1に，請負人の仕事が完成に至らなかった場合において，既に行われた部
分により注文者が受ける利益に対応した報酬請求ができるとする規定が新設さ
れました。

> **（注文者が受ける利益の割合に応じた報酬）**
>
> **第634条**　次に掲げる場合において，請負人が既にした仕事の結果のうち可分
> な部分の給付によって注文者が利益を受けるときは，その部分を仕事の完成と
> みなす。この場合において，請負人は，注文者が受ける利益の割合に応じて報
> 酬を請求することができる。
>
> 一　注文者の責めに帰することができない事由によって仕事を完成することが
> できなくなったとき。
>
> 二　請負が仕事の完成前に解除されたとき。

　この規定は，仕事の一部が既に履行された後，既履行部分についての報酬支
払請求権を認めると判断した最判昭和56年2月17日判決が示した判例法理を

107

第**3**編　債権各論

明文化し，かつ，適用範囲を広げる形で制定されたものです。

(2)　請負人の担保責任

第2に，請負人の担保責任の規定につき，改正法は，物の種類・品質における契約不適合に関する売主の責任と同等の規律となるように，売買の規定の包括的準用を前提とした規定に変更されました。

(請負人の担保責任の制限)

第636条　請負人が種類又は品質に関して契約の内容に適合しない仕事の目的物を注文者に引き渡したとき（その引渡しを要しない場合にあっては，仕事が終了した時に仕事の目的物が種類又は品質に関して契約の内容に適合しないとき）は，注文者は，注文者の供した材料の性質又は注文者の与えた指図によって生じた不適合を理由として，履行の追完の請求，報酬の減額の請求，損害賠償の請求及び契約の解除をすることができない。ただし，請負人がその材料又は指図が不適当であることを知りながら告げなかったときは，この限りでない。

すなわち，旧634条1項本文の「瑕疵」につき，636条及び637条では「契約の内容に適合しない」という表現に改められており，売買の担保責任に関する規定を他の有償契約にも準用する形で規律することになりました。

請負契約の担保責任につき，独立して規定していた旧634条から637条の規定は，削除されました。

●ケース●　追完請求　case

注文者Bは，請負人Aとの間で工作物の完成を目的とした報酬代金1000万円の請負契約を締結し，Aは工作物を完成させ引き渡した。もっとも，当該工作物は，契約の趣旨に照らすと本来有すべきとされる性質・性能を欠いていたことから，BはAに対して瑕疵の修補を求めている。

Aは契約に不適合な部分があったこと自体は認めているものの，欠いていた性質・性能の程度はさほど重要なものではなく，かつ，修補に過分の

第4章　請負契約

費用を要することを理由にこれに応じていない。

　請負人Aによるこのような反論は認められるか。

旧634条1項ただし書の規定は、①仕事の目的物の瑕疵が重要でなく、②修補に過分の費用を要する場合には、瑕疵修補請求ができないと定めていました。

　しかし、請負の場合に履行請求権の一般原則と異なる修補義務を定めることが必ずしも合理的とは考えられず、同項ただし書も本文と併せて削除されました。

　したがって、改正法では、562条1項に基づき、履行の追完請求として目的物の修補を求めることになるでしょう。

（買主の追完請求権）

第562条

1項　引き渡された目的物が種類、品質又は数量に関して契約の内容に適合しないものであるときは、買主は、売主に対し、目的物の修補、代替物の引渡し又は不足分の引渡しによる履行の追完を請求することができる。ただし、売主は、買主に不相当な負担を課するものでないときは、買主が請求した方法と異なる方法による履行の追完をすることができる。

2項　前項の不適合が買主の責めに帰すべき事由によるものであるときは、買主は、同項の規定による履行の追完の請求をすることができない。

　履行や追完に要する債務者側の費用がそれによる債権者側の利益と比べて著しく過大な場合は、このような請求をすることは、目的達成の手段としての均衡性を欠いた濫用的な権利行使といえます。

　そのため、412条の2第1項の「契約その他の債務の発生原因及び取引上の社会通念に照らして不能」に該当するとして当該履行の追完請求権は排除されることになると考えられます。

109

第**3**編　債権各論

> **（履行不能）**
>
> **第412条の2**
>
> 1項　債務の履行が契約その他の債務の発生原因及び取引上の社会通念に照らして不能であるときは，債権者は，その債務の履行を請求することができない。
>
> 2項　契約に基づく債務の履行がその契約の成立の時に不能であったことは，第415条の規定によりその履行の不能によって生じた損害の賠償を請求することを妨げない。

本件では，請負人Aによるこのような反論は認められる可能性があります。

> ●ケース●　**工作物についての契約不適合**　case
>
> 　請負人Aと注文者Bは，居住用建物の完成を報酬代金3000万円の請負契約を締結し，Aは建物を完成させ引き渡した。
>
> 　ところが，その建物には重大な欠陥があり，およそ居住することができない建物であったため，BはAに対し，請負契約を解除する旨を伝えた。ところが，Aは瑕疵の存在自体は認めたものの，目的物が建物であることを理由にこれに応じない。請負人Aによるこのような反論は認められるか。

　旧635条ただし書は，建物その他の土地の工作物について瑕疵があったとしても，契約の解除をすることができないと規定されていました。

　この規定の趣旨は，建物その他の土地の工作物については通常，価値が高いことから社会経済上の損失を防止する点にあります。

　しかし，土地工作物等が何らかの利用価値があったとしても契約の目的を達成することができないほど重大な欠陥がある場合には，社会経済上の損失を理由に解除を否定することは必ずしも合理的ではありません。

　そこで，改正法では，旧民法635条を削除し，本件請負契約の目的物が土地

第4章　請負契約

工作物の場合でも，債務不履行の一般法理によることとなりました。そのため，工作物についても，契約不適合を理由とする解除が制限されるわけではありません。

（催告による解除）

第541条　当事者の一方がその債務を履行しない場合において，相手方が相当の期間を定めてその履行の催告をし，その期間内に履行がないときは，相手方は，契約の解除をすることができる。ただし，その期間を経過した時における債務の不履行がその契約及び取引上の社会通念に照らして軽微であるときは，この限りでない。

（催告によらない解除）

第542条

1項　次に掲げる場合には，債権者は，前条の催告をすることなく，直ちに契約の解除をすることができる。

　一　債務の全部の履行が不能であるとき。

　二　債務者がその債務の全部の履行を拒絶する意思を明確に表示したとき。

　三　債務の一部の履行が不能である場合又は債務者がその債務の一部の履行を拒絶する意思を明確に表示した場合において，残存する部分のみでは契約をした目的を達することができないとき。

　四　契約の性質又は当事者の意思表示により，特定の日時又は一定の期間内に履行をしなければ契約をした目的を達することができない場合において，債務者が履行をしないでその時期を経過したとき。

　五　前各号に掲げる場合のほか，債務者がその債務の履行をせず，債権者が前条の催告をしても契約をした目的を達するのに足りる履行がされる見込みがないことが明らかであるとき。

2項　次に掲げる場合には，債権者は，前条の催告をすることなく，直ちに契約の一部の解除をすることができる。

　一　債務の一部の履行が不能であるとき。

　二　債務者がその債務の一部の履行を拒絶する意思を明確に表示したとき。

第3編　債権各論

　本件では，「およそ居住することができない建物」なので，不履行が軽微というわけではありません。そのため，541条に基づく催告解除をすることが考えられます。

　また，建物の再築等が不可能となっている場合は，債務の全部が履行不能（412条の2）といえ，無催告解除も認められえます（542条1項1号）。

　したがって，請負人Aの反論は認められません。

●ケース●　期間制限　　case

　請負人Aと注文者Bは，工作物の完成を目的とした報酬代金3000万円の請負契約を締結し，Aは工作物を完成させ引き渡した。もっとも，引渡し後しばらくたってから，その工作物には瑕疵があることが判明した。

1　注文者Bは請負人Aに対し，いつまでに瑕疵の修補等の担保責任の履行を求めなければならないか，

2　仮に，工作物が建物の場合には，権利行使の期間の制限は異なるか。

1　小問1について

　旧637条は，仕事の目的物に瑕疵があった場合の請負人の担保責任に関して，引渡し時(引渡しを要しない場合は仕事が終了したとき)を起算点としていました。

　これは目的物の引渡し後または仕事の終了後は履行が終了したという請負人の期待の保護，及び，引渡し終了後又は仕事の終了から長期間が経過することにより瑕疵の判定が困難となることを回避する点にありました。これは，売買契約における売主の瑕疵担保責任（かつての契約不適合責任）と同じ趣旨でした。

　また，売買と請負が実際の取引において類似するものがあります。

　そうだとすれば，担保責任について，売買と請負で，起算点が異なるのは，合理的ではありません。

第4章　請負契約

そこで，637条は，注文者は「その不適合を知った時から1年以内」にその旨を請求人に「通知」することによって，請負人に対して担保責任の履行を請求することができると規定し，売買と起算点を合わせました。

（目的物の種類又は品質に関する担保責任の期間の制限）

第637条

1項　前条本文に規定する場合において，注文者がその不適合を知った時から1年以内にその旨を請負人に通知しないときは，注文者は，その不適合を理由として，履行の追完の請求，報酬の減額の請求，損害賠償の請求及び契約の解除をすることができない。

2項　前項の規定は，仕事の目的物を注文者に引き渡した時（その引渡しを要しない場合にあっては，仕事が終了した時）において，請負人が同項の不適合を知り，又は重大な過失によって知らなかったときは，適用しない。

本件では，注文者Bは請負人Aに対し，「その不適合を知った時から1年以内」にその旨を通知しなければなりせん。

2　小問2について

旧638条は，建物その他の土地の工作物の請負人が負う担保責任について，特に長期の制限期間を設けていました。これは，土地の工作物の瑕疵が重大な結果を生じ，瑕疵の発見も容易ではないと考えられたことにあります。

しかし，637条1項では，制限期間の起算点が不適合の事実を知った時となります。

そもそも，契約不適合の事実が注文者に明らかになっていますから，目的物が土地の工作物である場合について原則的な期間よりも長期の制限期間を設ける必要性は乏しいといえます。これは，土地工作物の滅失の場合でも同じく当てはまることになります。そのため，旧民法638条は削除されました。

したがって，工作物が建物その他の土地の工作物であっても，担保責任の権利行使の期間制限は異なることはありません。

113

第**3**編　債権各論

●コラム●　請負契約の規律　　　　　　　　column

　請負契約では民法の規定によって直接規律されることは，必ずしも多くありません。実務では，四会連合約款に依拠するケースが多いとされています。

　今回の債権法改正は，こうした実務の流れにあわせたものといえます。

　また，実務では，純粋な意味での請負契約ではなく，製作物供給契約という請負契約と売買契約の複合的な契約が用いられる場合が多いとされています。そのため，請負契約における瑕疵担保責任の規定を削除し，売買の規定と一本化したことによって，事案処理が分かり易くなったといえます。

　今後は，工作物についての解除制限などをどのように運用するかがポイントになりえます。

●コラム●　組合契約の規律　　　　　　　　column

　債権法改正では，組合契約の規律も，変更された点があります。

　たとえば，他の組合員の債務不履行についての規定の新設，組合員の持分の処分の規定等が新設されます。

　とはいえ，この改正は，従前の判例の考え方を明文化したものにすぎず，実務的な影響は大きくないと考えられます。

114

第4編 家族法

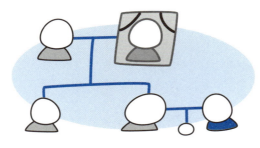

　多くの人の悩みは，財産関係だけではありません。特に，家庭内の問題を最たるものとする親族間のトラブルは，深刻なものとならざるを得ません。民法には，その国の家族の在り方を規律するルールがあります。ここには，人生を左右するルールがあり，法律家たるものが理解しておかなければならない重要性があります。

第4編　家族法

第1章
親族法

1　家族の法

　いままでみてきた財産法は，個人の財産をめぐる合理的判断に基づく自己責任の原則が当てはまる領域でした。これに対し，夫と妻，親と子の関係などを定めた親族法や故人の財産の帰属を定める相続法は，必ずしも合理的計算に基づく判断を前提としない点で特色があります。そのため，親族法と相続法をあわせて家族法と呼ぶことがあります（もっとも，相続法は比較的財産法と近い考え方もあります）。

　このような家族法では，当事者たちの話し合い（協議）が重視されています。多くの場合で，当事者たちの協議を先行させ，裁判所（家庭裁判所）の介入は補助的な位置づけとされています。

2　戦前の家族法──「家」制度への立脚

　明治憲法下の民法では，「家」制度が採用されていました。そこでは，家督相続によって戸主となった者が，「家」を統括する戸主権を有し，財産の多くが戸主に帰属することとされていました。多くの場合，戸主は男性であり，女性は夫の父親を戸主とする「家」に入ることがほとんどでした。

　このような「家」制度は，天皇を中心とする国家イデオロギーを支えるものとして機能したといわれています。女性は良妻賢母として夫の両親や夫に仕える存在として意識され，法的にも劣後的な立場に置かれていました。

第1章　親族法

　1947年に家族法は大改正され，日本国憲法の価値観に適合するよう，男女平等のルールが徹底され，「家」制度は廃止されました。しかし，現在の日本でも，かつての「家」制度の残滓といえる国民意識は残っています（たとえば，長男が「家督相続」すべき，といった価値観がこれにあたります）。

　家庭裁判所の調停委員は高齢の人が多いところ，当事者と価値観のずれが生じ，「子供の面倒は女が見るのが当たり前！」とまで言われる例が最近でもあるという指摘もあります（道垣内弘人・民法入門［第2版］590頁）。

　私たちは，いまだそうした意識が残る社会で生活しています。そのことを踏まえた上で，民法がどのような規範を形作っているのかを学んでいきましょう。

3　夫婦

(1)　婚姻

　婚姻が成立するためには，婚姻の届出（739条）と婚姻意思が要件となります。

> **（婚姻の届出）**
>
> **第739条**
>
> 1項　婚姻は，戸籍法（昭和22年法律第224号）の定めるところにより届け出ることによって，その効力を生ずる。
>
> 2項　前項の届出は，当事者双方及び成年の証人2人以上が署名した書面で，又はこれらの者から口頭で，しなければならない。

　婚姻意思とは，単に婚姻の届出をするという意思があるだけでなく，「真に社会観念上夫婦であると認められる関係の設定を欲する効果意思」がなければなりません（最判昭和44年10月31日）。これは，婚姻について届出意思を超える実質的な意思を求める立場といえます。

　このような婚姻意思は，届出の時に存在しなければなりません。もっとも，事実上の夫婦共同生活にある者が，婚姻意思を有し，その意思に基づいて婚姻

第**4**編　家族法

届を作成したときは，その届書が受理されるまでに意識を失ったとしても，届出書受理以前に翻意するなど婚姻の意思を失う**特段の事情**のないかぎり，届書の受理によって，本件婚姻は，有効に成立したものと解すべきであるとされています（最判昭和44年4月3日）。

　婚姻によって，夫婦は同一の氏を称することになります（750条）。これについては，現在，夫婦別氏制度を立法することが提案されています。これには，賛否両論がありますが，「家」制度を廃し，個人の尊厳を中心とする現行憲法の下では，特に女性に別氏を認めるべき合理性は高まっているといえるでしょう。

(2)　婚姻予約

　婚姻が当事者間における一種の契約と考えると，婚姻成立前の約束については，法的効果が生じないことになります。しかし，実際には，婚姻が成立するまでには，婚姻の約束や様々な準備が必要となり，その間にそれぞれの当事者には婚姻成立に向けての信頼が生じます。

　婚姻予約（婚約）が認められるためには，将来婚姻するとの合意があったことが要件となります。そして，婚姻予約には，解釈上，一定の法的保護が認められています。

　すなわち，婚姻予約を不当に一方的に解消した者は，**債務不履行**として損害を賠償しなければなりません（最判昭和27年10月21日，最判昭和38年12月20日）。損害は，**慰謝料**が中心です。他には，婚姻のために勤務先を退職したことについての**逸失利益**や婚姻の支度費用相当額等が考えられます。

(3)　準婚理論──多様なパートナーと法的保護のあり方

　内縁とは，婚姻をする意思と夫婦同様の共同生活はあるが，婚姻の届出がなされていないことをいいます。年齢など婚姻の実質的要件をみたす必要はなく，近親婚も内縁に含まれます。

　法的な手続に対する意識が欠けている場合，両当事者が戸主である等の理由

第 1 章　親族法

で婚姻できない場合などに，**夫婦共同体の実体**がありながら，届出がなされないことがありました。このような場合に，内縁関係が破棄された場合，（婚姻の届出をしてもらえなかった）女性を保護すべき場合が少なくないために，内縁配偶者を保護すべきことが説かれてきました。すなわち，内縁は婚姻に準じた一種の特別な関係であるとして，婚姻に準じて保護されるべきことが主張されるようになりました（**準婚理論**）。

　具体的には，同居・協力・扶助義務（752 条類推），婚姻費用分担義務（760条類推），貞操義務（大判大正 8 年 5 月 12 日），日常家事債務の連帯責任（761条類推），夫婦共有財産の推定（762 条 2 項類推），内縁解消の際の財産分与請求権（768 条類推）等がこれにあたります。

　また，特別法に規定される場合もあります。たとえば，労災保険法 16 条の 2 第 1 項は，「事実上婚姻関係と同様の事情にあつた者」にも，遺族補償年金の受給資格を認めています。

　これに対して，相続については，財産分与の規定の類推適用によってこれを認めることはできません（最決平成 12 年 3 月 10 日）。離婚の際の財産分与とは異質であることから，類推の基礎を欠くと考えられるためです。

　そうすると，内縁の一方当事者が死亡した場合は，個々の財産について，内縁当事者の共有財産として構成できるものについて，共有物の分割請求権（256条 1 項本文）を行使していくことが考えられます。

　こうした従来の準婚理論については，現在の多様なパートナーのあり方を受けて，2 つの方向からのアプローチが現れています。

　1 つは，内縁を婚姻に準じるものと構成することへの批判です。現在では，女性が弱い立場にあるからでなく，当事者が婚姻届の趣旨をしっかりと理解した上で，積極的な選択として内縁関係を選択する場合があります。法律婚制度は，国家による保護を受けることができる反面で，一定のパッケージされた関係であって，固定的であると捉え，自由な関係でいるためにあえて婚姻をしない場合があるのです。そうした点を捉えるならば，あえて婚姻を選択しなかった当事者に対して，内縁破棄の場合に限って法的保護を与える合理性はないと

119

の批判が成り立つことになります。

　もう1つは，内縁に対する従来の保護を肯定的に捉え，同性のカップルが共同生活を送っている場合でも，同様の保護を与えるべきとする議論があります。こちらは準婚理論を否定するものではありませんが，準婚理論が前提とする事実関係とは異なる場面で法的保護を認める点で，古典的な準婚理論を変容させるものといえます。地方公共団体によっては，同性カップルについてもパートナーとして証明する制度を導入しているところがありますが，それはこうした議論を背景としていると考えると分かりやすいでしょう。

⑷　再婚禁止期間

　旧民法733条では，「女は，前婚の解消又は取消しの日から6箇月を経過した後でなければ，再婚をすることができない。」と定めていました。

　確かに，民法772条2項によれば，結婚から200日を過ぎた後に生まれた子は今の夫の子と推定され，離婚から300日以内に生まれた子は前の夫の子と推定されます。そのために，こうした父性の推定の重複を避けるためには，こうした女性のみに再婚禁止期間を定めることにも合理性が認められます。

　しかし，父性の推定の重複を避けるためには，100日の再婚禁止期間を定めれば足ります。最判平成27年12月16日は，「本件規定のうち100日超過部分については，民法772条の定める父性の推定の重複を回避するために必要な期間ということはできない。」との判断を示すに至りました。

　これを受けて，平成28年に民法733条は改正され，次のような規定となりました。

第 1 章　親族法

> **（再婚禁止期間）**
> **第 733 条**
> 1 項　女は，前婚の解消又は取消しの日から起算して 100 日を経過した後でなければ，再婚をすることができない。
> 2 項　前項の規定は，次に掲げる場合には，適用しない。
> 　一　女が前婚の解消又は取消しの時に懐胎していなかった場合
> 　二　女が前婚の解消又は取消しの後に出産した場合

⑸　**離婚**

　婚姻当事者の関係が悪化し，場合によっては回復できないほど信頼関係が破壊されてしまう場合があります。また，場合によっては，当事者双方が別々の人生の送り方を選びたい等として，当事者関係が決定的に破壊されたという理由を掲げることなく婚姻関係の解消が望まれる場合があります。こうして，婚姻関係を解消する離婚の制度が必要となります。

　ヨーロッパでは，宗教的な理由のため，離婚制度を正面から認めることができず，間違って結婚してしまったなどの構成が取られることがありました。これに対し，日本では，相対的には緩やかな条件で離婚が認められてきたといえるでしょう。

　離婚には，協議離婚と裁判離婚の 2 つの方法があります。

①　協議離婚では，当事者が合意をしてこれを届け出ることによってその効力を生じます（763 条，764 条）。ここでは，離婚意思と届出が要件となります。離婚については法律上の婚姻関係を解消する意思（形式的意思）があれば足ります（最判昭和 38 年 11 月 28 日）。婚姻と異なるのは，婚姻が身分関係を形成し，事実関係が積み重なっていくものであるのに対し，そうした事情がないからであると理解することができるでしょう。

②　裁判離婚は，離婚原因（770 条 1 項）がある場合に認められ，判決の確定によって婚姻関係終了の効力が生じます。手続としては，調停前置主義（家事

第**4**編　家族法

事件手続法) のため, 調停離婚 (同法 268 条参照), 審判離婚 (同法 284 条参照), 裁判離婚の流れがあり得ます。

③　離婚原因については, 一般的な離婚原因として「その他婚姻を継続し難い重大な事由があるとき」(770 条 1 項 5 号) があります。かつては, 不貞等をした有責配偶者からの離婚請求は認められませんでした。しかし, 現在では, 「有責配偶者からされた離婚請求であっても, 夫婦の別居が両当事者の年齢及び同居期間との対比において相当の長期間に及び, その間に未成熟の子が存在しない場合には, 相手方配偶者が離婚により精神的・社会的・経済的に極めて苛酷な状態におかれる等離婚請求を認容することが著しく社会正義に反するといえるような特段の事情の認められない限り, 当該請求は, 有責配偶者からの請求であるとの一事をもつて許されないとすることはできないものと解するのが相当である」とされています(最大判昭和 62 年 9 月 2 日)。これは, 婚姻関係が破綻していれば離婚を認めるという**実質的破綻主義**に近づいているといえます。

　この立場では, 円満な婚姻関係の回復が困難な場合, 離婚自体を否定するのではなく, 有責であることを財産分与や慰謝料で調整することが考えられます。

第 2 章

相続

1 相続制度の意義

　財産法では，人の生前の法律関係を扱いました。人は永遠に生きることは能わず，亡くなった後の法律関係をどのように処理するかが問題となります。

　そこで，国は亡くなった人（被相続人）の財産や法律関係の承継についてのルールを整備することになります。どのように相続制度を構築するかは，それぞれの国の歴史的背景等によって異なり，その国の特色が現れるところです。

　日本では，明治民法では，「家」制度を構成するものとして家督相続の制度がありました。そこでは，戸主が有した財産は長男が承継することがほとんどでした。

　その後，現行憲法下では，こうした「家」制度は，財産は個人のものとされ，制度上は子らの立場は平等のものとされました。しかしながら，農業や自営業を中心に後継者に遺産を集中させたいというニーズは強く，遺産分割で特定人に財産を集中させる扱いがなされることも少なくありませんでした。

　これに対し，権利意識の向上に伴い，他の相続人が相続分の実質的放棄に応じないことが増え，金銭の支払いをもって合意に至らざるを得ないケースも増えました。相続に関する紛争は増加せざるを得ず，家庭裁判所における遺産分割調停等の重要性も増しています。

　「家」制度がなくなったとしても，「家業」を残したい，あるいは長期的な事業を続けたいというニーズはあり，それは必ずしも不当なものではありません。

第**4**編　家族法

事業を法人化することは有力な手段ですが，相続の場面では，持分の承継を巡る紛争は残ります。

　相続制度を別の側面からみると，残された家族(配偶者，子)に対する**財産の清算**や**生活保障**の意義があります。被相続人の財産が成るについては，様々な家族の寄与があり，また，夫婦財産関係が厳密に区別されていない状況では，その相当割合について妻の実質的財産も含まれているとみることができるためです。

　生活保障については，かつては残された子の生活保障のウェイトが重いものでした。しかし，高齢社会においては，親の死亡時に子が50歳を超える場合が少なくなく，こうした意義は相対的に減少しています。そのため，子よりも配偶者の相続分を増加すべきであるという立法論もあります。

　とはいえ，幼い子を残して親が亡くなる場合も，もちろんあります。相続制度の構築においては，その国ごとに内容を決めてよい反面，特定の利益状況のみを偏重することなく，多くの場面で妥当な解決を導くことができるものとしなければなりません。多様な価値観，利益考量が必要となる点で，難しい面がありますが，同時に意義深いものともいえます。2018年7月6日に**相続税法の改正**がありました。その過程では，審議会における専門家による検討やパブリック・コメントの実施によって，社会の様々な意見や知恵が集められ，現在の日本にふさわしい相続制度のあり方が検討されました。

2　相続の基本的な仕組み

(1)　相続人

①　配偶者

　被相続人の配偶者は常に相続人となります (890条)。配偶者の財産清算の意義があります。

第 2 章　相続

（配偶者の相続権）

第 890 条　被相続人の配偶者は，常に相続人となる。この場合において，第 887 条又は前条の規定により相続人となるべき者があるときは，その者と同順位とする。

② 　血族相続人

被相続人に子があれば，相続人となります（887 条 1 項）。

子がいない場合は直系尊属が相続人となります（889 条 1 項 1 号）。

直系尊属もいない場合は，兄弟姉妹が相続人となります（同項 2 号）。

（子及びその代襲者等の相続権）

第 887 条

1 項　被相続人の子は，相続人となる。

2 項　被相続人の子が，相続の開始以前に死亡したとき，又は第 891 条の規定に該当し，若しくは廃除によって，その相続権を失ったときは，その者の子がこれを代襲して相続人となる。ただし，被相続人の直系卑属でない者は，この限りでない。

3 項　前項の規定は，代襲者が，相続の開始以前に死亡し，又は第 891 条の規定に該当し，若しくは廃除によって，その代襲相続権を失った場合について準用する。

（直系尊属及び兄弟姉妹の相続権）

第 889 条

1 項　次に掲げる者は，第 887 条の規定により相続人となるべき者がない場合には，次に掲げる順序の順位に従って相続人となる。

一　被相続人の直系尊属。ただし，親等の異なる者の間では，その近い者を先にする。

二　被相続人の兄弟姉妹

2 項　第 887 条第 2 項の規定は，前項第 2 号の場合について準用する。

第4編　家族法

③　相続欠格・廃除

故意に被相続人を死亡するに至らせようとしたために刑に処せられた者等は，相続人となることはできません（891条）。これが相続欠格です。

（相続人の欠格事由）

第891条　次に掲げる者は，相続人となることができない。

一　故意に被相続人又は相続について先順位若しくは同順位にある者を死亡するに至らせ，又は至らせようとしたために，刑に処せられた者

二　被相続人の殺害されたことを知って，これを告発せず，又は告訴しなかった者。ただし，その者に是非の弁別がないとき，又は殺害者が自己の配偶者若しくは直系血族であったときは，この限りでない。

三　詐欺又は強迫によって，被相続人が相続に関する遺言をし，撤回し，取り消し，又は変更することを妨げた者

四　詐欺又は強迫によって，被相続人に相続に関する遺言をさせ，撤回させ，取り消させ，又は変更させた者

五　相続に関する被相続人の遺言書を偽造し，変造し，破棄し，又は隠匿した者

被相続人は，自らの死後に相続人となる推定相続人について，虐待をするなどの著しい非行がある場合は，家庭裁判所に相続権を失わせることを求めることができます（892条）。これが廃除です。廃除は遺言でもできます（893条）。

（推定相続人の廃除）

第892条　遺留分を有する推定相続人（相続が開始した場合に相続人となるべき者をいう。以下同じ。）が，被相続人に対して虐待をし，若しくはこれに重大な侮辱を加えたとき，又は推定相続人にその他の著しい非行があったときは，被相続人は，その推定相続人の廃除を家庭裁判所に請求することができる。

（遺言による推定相続人の廃除）

第893条　被相続人が遺言で推定相続人を廃除する意思を表示したときは，遺

第2章　相続

言執行者は，その遺言が効力を生じた後，遅滞なく，その推定相続人の廃除を家庭裁判所に請求しなければならない。この場合において，その推定相続人の廃除は，被相続人の死亡の時にさかのぼってその効力を生ずる。

④　相続放棄

相続人は，自己のために相続があったことを知ったときから3箇月以内に，相続を放棄することができます（915条1項本文）。この3箇月は，放棄するかどうかを考える**熟慮期間**とされますが，家庭裁判所に伸長を求めることができます（同項ただし書）。

（相続の承認又は放棄をすべき期間）

第915条

1項　相続人は，自己のために相続の開始があったことを知った時から3箇月以内に，相続について，単純若しくは限定の承認又は放棄をしなければならない。ただし，この期間は，利害関係人又は検察官の請求によって，家庭裁判所において伸長することができる。

2項　相続人は，相続の承認又は放棄をする前に，相続財産の調査をすることができる。

相続の放棄は，家庭裁判所に申述しなければなりません（938条）。

（相続の放棄の方式）

第938条　相続の放棄をしようとする者は，その旨を家庭裁判所に申述しなければならない。

相続の放棄をした者は，その相続について，初めから相続人とならなかったものとみなされます（939条）。

127

第4編　家族法

> **（相続の放棄の効力）**
>
> **第939条**　相続の放棄をした者は，その相続に関しては，初めから相続人とならなかったものとみなす。

　なお，自己に対する相続の効果を確定的なものとして認める意思表示を単純承認といいます（920条）。こちらについても熟慮期間があります（915条1項ただし書）。

　注意すべきは，法定単純承認（921条）です。これは，意思表示がなくても単純承認をしたとみなされるため，相続放棄が認められません（たとえば，同条1号本文の場合）。

> **（法定単純承認）**
>
> **第921条**　次に掲げる場合には，相続人は，単純承認をしたものとみなす。
>
> 　一　相続人が相続財産の全部又は一部を処分したとき。ただし，保存行為及び第602条に定める期間を超えない賃貸をすることは，この限りでない。
>
> 　二　相続人が第915条第1項の期間内に限定承認又は相続の放棄をしなかったとき。
>
> 　三　相続人が，限定承認又は相続の放棄をした後であっても，相続財産の全部若しくは一部を隠匿し，私にこれを消費し，又は悪意でこれを相続財産の目録中に記載しなかったとき。ただし，その相続人が相続の放棄をしたことによって相続人となった者が相続の承認をした後は，この限りでない。

●コラム●　限定承認は使いにくい!?　　　　column

　相続財産の限度で被相続人の債務を弁済する趣旨の意思表示を限定承認（922条）といいます。被相続人がどの程度債務を負っているかが不明な場合など，有用な制度と思えますが，実際にはあまり使われていません。

第2章 相続

（限定承認）

第922条 相続人は，相続によって得た財産の限度においてのみ被相続人の債務及び遺贈を弁済すべきことを留保して，相続の承認をすることができる。

　相続人が複数いる場合は全員が共同してしなければなりませんし（923条），熟慮期間内に財産目録を調整して家庭裁判所に提出し，限定承認をする旨の申述をしなければなりません（924条）。

（共同相続人の限定承認）

第923条 相続人が数人あるときは，限定承認は，共同相続人の全員が共同してのみこれをすることができる。

（限定承認の方式）

第924条 相続人は，限定承認をしようとするときは，第915条第1項の期間内に，相続財産の目録を作成して家庭裁判所に提出し，限定承認をする旨を申述しなければならない。

　後から相続人が判明した場合のリスクなどを考えると，限定承認を敬遠して相続放棄が選ばれるのも，やむを得ないかもしれません。

●コラム● 家庭裁判所を使わない「放棄」？ column

　相続人間だけで実印を押して書面を作成し，特定の相続人に相続分を集中させる合意がなされることがあります。しかし，家庭裁判所を使わない私人間の合意のため，債権者に対して，相続債務を負担しないと主張することはできません。結局，プラス財産だけを特定の相続人に贈与する合意に過ぎませんので，よく使われている割にはリスクが大きい方法といえます。

129

第4編　家族法

⑵　相続財産の帰属

①　相続財産の範囲

相続人は，被相続人の財産に属した一切の権利義務を承継します（**包括承継**。896条本文）。ただし，被相続人の一身に専属したもの（**一身専属権**）は，相続されません（同条ただし書）。

> **（相続の一般的効力）**
>
> **第896条**　相続人は，相続開始の時から，被相続人の財産に属した一切の権利義務を承継する。ただし，被相続人の一身に専属したものは，この限りでない。

祭祀に関する権利は，相続の対象とならず，別途承継が行われます（897条1項）。

> **（祭祀に関する権利の承継）**
>
> **第897条**
>
> **1項**　系譜，祭具及び墳墓の所有権は，前条の規定にかかわらず，慣習に従って祖先の祭祀を主宰すべき者が承継する。ただし，被相続人の指定に従って祖先の祭祀を主宰すべき者があるときは，その者が承継する。
>
> **2項**　前項本文の場合において慣習が明らかでないときは，同項の権利を承継すべき者は，家庭裁判所が定める。

生命保険金は，相続財産に属さないとされ（最決平成16年10月29日），死亡退職金も，相続財産に属さないとされます（最判昭和55年11月27日）。

②　相続分

各相続人の相続分は，被相続人が遺言で指定することができます（902条）。このような遺言がない場合等には法定相続分によって決されます（900条）。

> **（法定相続分）**
>
> **第900条**　同順位の相続人が数人あるときは，その相続分は，次の各号の定め

第2章　相続

るところによる。

一　子及び配偶者が相続人であるときは，子の相続分及び配偶者の相続分は，各2分の1とする。

二　配偶者及び直系尊属が相続人であるときは，配偶者の相続分は，3分の2とし，直系尊属の相続分は，3分の1とする。

三　配偶者及び兄弟姉妹が相続人であるときは，配偶者の相続分は，4分の3とし，兄弟姉妹の相続分は，4分の1とする。

四　子，直系尊属又は兄弟姉妹が数人あるときは，各自の相続分は，相等しいものとする。ただし，父母の一方のみを同じくする兄弟姉妹の相続分は，父母の双方を同じくする兄弟姉妹の相続分の2分の1とする。

（遺言による相続分の指定）

第902条

1項　被相続人は，前2条の規定にかかわらず，遺言で，共同相続人の相続分を定め，又はこれを定めることを第三者に委託することができる。

2項　被相続人が，共同相続人中の1人若しくは数人の相続分のみを定め，又はこれを第三者に定めさせたときは，他の共同相続人の相続分は，前2条の規定により定める。

誰が相続人となるかは，相続人の順位によって決されます。配偶者は第1順位の相続人で，常に相続人となります（890条）。配偶者とは，夫からみた妻，妻からみた夫を指します。

（配偶者の相続権）

第890条　被相続人の配偶者は，常に相続人となる。この場合において，第887条又は前条の規定により相続人となるべき者があるときは，その者と同順位とする。

子がある場合は，子と配偶者の相続分は2分の1ずつになります（900条1号）。子は複数いる場合がありますが，その場合は人数割りされます（900条4

第**4**編　家族法

号本文)。

　子がいない場合は，直系尊属(親)が相続人となり，相続分は，直系尊属が3分の1，配偶者が3分の2となります（900条2号）。

　直系尊属もいない場合は，兄弟姉妹が相続人となり，相続分は，兄弟姉妹が4分の1，配偶者が4分の3となります（900条3号）。

　配偶者は被相続人と密接な生活関係を営んでいたこともあり，相続分では優遇されていることになります。近時は，その相続分をさらに増やそうという議論もあります。

　相続人とされる者が被相続人より先に死亡していた場合は，代襲相続の定めがあります（887条2項）。子が死亡している場合は，さらにその子が相続人となります(再代襲。同条3項)。兄弟姉妹については，1回だけ代襲相続が生じます（889条2項)。

（子及びその代襲者等の相続権）

第887条

1項　被相続人の子は，相続人となる。

2項　被相続人の子が，相続の開始以前に死亡したとき，又は第891条の規定に該当し，若しくは廃除によって，その相続権を失ったときは，その者の子がこれを代襲して相続人となる。ただし，被相続人の直系卑属でない者は，この限りでない。

3項　前項の規定は，代襲者が，相続の開始以前に死亡し，又は第891条の規定に該当し，若しくは廃除によって，その代襲相続権を失った場合について準用する。

（直系尊属及び兄弟姉妹の相続権）

第889条

1項　次に掲げる者は，第887条の規定により相続人となるべき者がない場合には，次に掲げる順序の順位に従って相続人となる。

　一　被相続人の直系尊属。ただし，親等の異なる者の間では，その近い者を先

第2章　相続

> にする。
> 二　被相続人の兄弟姉妹
> 2項　第 887 条第 2 項の規定は，前項第 2 号の場合について準用する。

●コラム●　非嫡出子の相続分　　　column

　民法は，かつて，非嫡出子の相続分を嫡出子の半分と定めていました（削除前民法 900 条ただし書）。これは法の下の平等（憲法 14 条）に反しないのかが，激しい論争となりました。

（法の下の平等，貴族の禁止，栄典）

憲法第 14 条

1項　すべて国民は，法の下に平等であつて，人種，信条，性別，社会的身分又は門地により，政治的，経済的又は社会的関係において，差別されない。

2項，3項（略）

　最高裁は，当初は「法定相続分の定めは，遺言による相続分の指定等がない場合などにおいて，補充的に機能する規定」であること，「相続制度をどのように定めるかは，立法府の合理的な裁量判断にゆだねられている」ことから，「民法が法律婚主義を採用した結果として，婚姻関係から出生した嫡出子と婚姻外の関係から出生した非嫡出子との区別が生じ，親子関係の成立などにつき異なった規律がされ，また，内縁の配偶者には他方の配偶者の相続が認められないなどの差異が生じても，それはやむを得ないところといわなければならない。」として，合憲の判断をしていました（最大決平成 7 年 7 月 5 日）。

　ここでは，法律婚保護の要請が重視されていたのですが，他方で，何ら

第**4**編　家族法

落ち度のない非嫡出子の相続分を減らすことで法律婚を守ろうとするのは筋違いではないのか，との批判がありました。最高裁においても，多数意見と反対意見は厳しく対立し，その後も民法の規定の合憲性は争われ続けてきました。

　そうした中，最高裁は，ついに違憲の判断をするに至りました（最大決平成 25 年 9 月 4 日）。そこでは，国内外の社会情勢等が考慮され，「遅くとも平成 13 年 7 月当時において，憲法 14 条 1 項に違反していた」とされました。これを受け，民法の当該規定は削除されました。

　なお，現在でも，法律婚制度を守るべきであるとする意見は根強く，下記の配偶者居住権の導入が後押しされる背景となっています。

③　相続財産の帰属

　相続人が複数である場合，相続財産は各自の相続分に応じて共有されます（898 条）。これを遺産共有といいます。

> **（共同相続の効力）**
> 第**898**条　相続人が数人あるときは，相続財産は，その共有に属する。

　遺産共有は，物権法における共有と性質を異にするものではないとされます（最判昭和 30 年 5 月 31 日）。共有については，物権法の教科書で勉強してください。

　実務上は，物権法における共有と同じと言いつつも，相続の場面であることから，法的手続が異なりうる点が重要となります。家庭裁判所における家事調停と簡易裁判所における民事調停のどちらを選択するかが，問題となることがあります。

134

第2章　相続

(3)　相続人のあることが明らかでない場合

　相続財産は法人となります（951条）。利害関係人または検察官の請求により，相続財産管理人が選任され（952条1項），相続財産の管理・清算が行われます。相続人がいないことは，戸籍で調べるだけでなく，相続人の捜索が行われます（958条，958条の2）。

　相続人がいないことが明らかとなった場合，被相続人と生計を同じくしていた者，被相続人の療養看護に努めた者等の特別縁故者への相続財産の分与の制度があります（958条の3）。特別縁故者に相続財産を分与するかは，家庭裁判所の裁量によります。最終的な残余財産は国庫に帰属します（959条）。

（相続財産法人の成立）

第951条　相続人のあることが明らかでないときは，相続財産は，法人とする。

（相続財産の管理人の選任）

第952条

1項　前条の場合には，家庭裁判所は，利害関係人又は検察官の請求によって，相続財産の管理人を選任しなければならない。

2項　前項の規定により相続財産の管理人を選任したときは，家庭裁判所は，遅滞なくこれを公告しなければならない。

（相続人の捜索の公告）

第958条　前条第1項の期間の満了後，なお相続人のあることが明らかでないときは，家庭裁判所は，相続財産の管理人又は検察官の請求によって，相続人があるならば一定の期間内にその権利を主張すべき旨を公告しなければならない。この場合において，その期間は，6箇月を下ることができない。

（権利を主張する者がいない場合）

第958条の2　前条の期間内に相続人としての権利を主張する者がないときは，相続人並びに相続財産の管理人に知れなかった相続債権者及び受遺者は，その権利を行使することができない。

第**4**編　家族法

> **（特別縁故者に対する相続財産の分与）**
>
> 第958条の3
>
> 1項　前条の場合において，相当と認めるときは，家庭裁判所は，被相続人と生計を同じくしていた者，被相続人の療養看護に努めた者その他被相続人と特別の縁故があった者の請求によって，これらの者に，清算後残存すべき相続財産の全部又は一部を与えることができる。
>
> 2項　前項の請求は，第958条の期間の満了後3箇月以内にしなければならない。

3　相続法改正の基本的な方向性

　2018年7月6日に相続法の改正がありました。法制審議会の議論については，法務省のホームページでも確認することができます（http://www.moj.go.jp/shingi1/housei02_00294.html）。

　議論の流れを追うことは，必ずしも容易ではありません。そこで，ここでは相続法改正のそれぞれの項目について，出来る限り丁寧に説明することとします。

(1)　配偶者居住権

　相続時に配偶者が高齢であること等に鑑み，配偶者に住み慣れた家での居住を認める制度の創設が検討されました。

　まず，配偶者短期居住権があります（1037条以下）。これは，配偶者が居住不動産に6箇月にわたり無償で住むことができる権利です（同条1項）。いわば，法定の使用借権ともいうべきものです。この権利は譲渡することができないこととされています（属人的な権利。1041条・1032条2項）。

　次に，配偶者居住権があります（1028条以下）。これは，遺産分割終了後も，配偶者が居住不動産に住み続けることができる権利で，法定の賃借権ともいうべきものです。配偶者の生存中に限り存続し（1030条本文），やはり譲渡することができません（1032条2項）。

136

第2章　相続

(2) 持戻し免除の推定

　特別受益とは，贈与等特別な受益を受けた相続人がいる場合に，これを相続分の前渡しと扱う制度をいいます（903条1項）。相続財産に特別受益を加えた計算上の額を**みなし相続財産**と呼びます。

　各相続人の具体的な相続分の計算では，みなし相続財産を基礎として，各相続人の相続分を計算します。さらに，特別受益を受けた者は，この額から特別受益を控除した残額をもって現実に受けるべき相続分が確定されます。特別受益を相続分算定の基礎に算入することを「持戻し」と呼んでいます。

　特別受益は相続人間の公平を図るための制度ですが，相続では被相続人の最終意思も重要です。そこで，被相続人は，特別受益について受益分の持戻しを免除する意思表示をすることができます（903条3項）。

　このような持戻し免除の意思表示は，明示のものに限られず，**黙示の持戻し免除の意思表示**が認められる場合があります。黙示の持戻し免除の意思が認められるというのは，要するに，被相続人が相続分以上のものをその相続人に相続させたいと考えていた場合といえます。

　持戻し免除の意思表示と寄与分の判断が重なることがあります。**寄与分**とは，被相続人の財産の維持・形成に特別の寄与をした相続人について，その寄与に応じた持分を認めることをいいます（904条の2第1項）。裁判例には，特別受益について持戻し免除の意思表示を認める場合は，寄与分はこの特別受益の額を超える額についてしか認められない旨判断したものがあります（東京高決平成9年6月27日）。

　配偶者については，持戻し免除の意思表示を認めることができる場合が少なくないと考えられます。

　さらに，婚姻期間が**20年以上**の夫婦については，持戻し免除の意思が**推定**されます（903条4項）。

137

第4編　家族法

⑶　預貯金債権の払戻し

①　預貯金債権と遺産分割

　金銭債権その他の可分債権は，法律上当然分割され各共同相続人がその相続分に応じて権利を承継するものと解されていました（最判昭和29年4月8日，最判平成16年4月20日）。そのため，可分債権については，遺産分割を経ることなく，相続発生（被相続人の死亡）と同時に，相続分に応じて，各相続人に帰属するものと扱われ，相続分を超える可分債権の行使は不法行為（709条）あるいは不当利得（703条）となるものと考えられていました。

　このような判例の考え方を踏まえ，従来の実務では，預貯金について，相続人間で分割対象に含めるという同意がなければ遺産分割の対象とならないと扱われていました。

　しかし，この実務の扱いには問題がありました。民法では，被相続人が生前に相続人の1人に贈与し，あるいは死亡時に財産を与える遺贈をしていた場合，これを考慮して相続財産を計算する特別受益の考え方が採られています（903条1項）。

（特別受益者の相続分）

第903条

1項　共同相続人中に，被相続人から，遺贈を受け，又は婚姻若しくは養子縁組のため若しくは生計の資本として贈与を受けた者があるときは，被相続人が相続開始の時において有した財産の価額にその贈与の価額を加えたものを相続財産とみなし，900条から902条までの規定により算定した相続分の中からその遺贈又は贈与の価額を控除した残額をもってその者の相続分とする。

2項　遺贈又は贈与の価額が，相続分の価額に等しく，又はこれを超えるときは，受遺者又は受贈者は，その相続分を受けることができない。

3項　被相続人が前2項の規定と異なった意思を表示したときは，その意に従う。

4項　婚姻期間が20年以上の夫婦の一方である被相続人が，他の一方に対し，その居住の用に供する建物又はその敷地について遺贈又は贈与をしたときは，当該被相続人はその遺贈又は贈与について第1項の規定を適用しない旨の意思

> を表示したものと推定する。

　ところが，特別受益を得た相続人が遺産分割に預貯金を加えることを拒否することによって相続分に応じた取得をしようとする事例が頻発しました。結果，特別受益を得た相続人が過分に預貯金債権を取得することになってしまいます。そこで，預貯金債権について判例が変更され，相続分に応じて分割されるという解釈は否定され，**遺産分割の対象となるもの**とされるに至りました（最大決平成28年12月19日〔普通預金，通常貯金，定期貯金〕，最判平成29年4月6日〔定期預金，定期積金〕）。

②　新たな問題の発生

　これにより特別受益を得た相続人が過分に利益を得るのを防ぐことができ，問題は解決したように見えます。しかし，遺産分割の対象となるということは，遺産分割が終わるまでは，**遺産共有**の状態にあるということを意味します。そこから次のような問題が生じ得ます。

　葬式費用など，被相続人の死後には必要な出費が多くなりがちです。このような場合に相続人間で争いがあると，共有財産である預貯金債権を引き出すことについての同意が揃いません。金融機関としては共有者の同意が揃っていなければ，払戻しに応じないことが考えられ，実際に上記判例後は金融機関による払戻し拒否の事例がみられるようになっているようです。

　この点について，従来は，預貯金債権は被相続人の死亡と同時に当然分割されると考えられていたため，葬式費用相当額等についての一部払戻しに金融機関は応じることが多かったため，柔軟な対応が可能でした。

　つまり，一部の相続人が過大な利益を受けるのを防ぐためには預貯金の払戻しを認めないのがよいのですが，それは同時に柔軟な対応を困難にするのです。遺産分割が終わらなければ葬式すら挙げられないという事態は，決して望ましいものとはいえないでしょう。

③ 解決の方向性

これについて，上記平成 28 年判例でも，予測できなかったわけではありません。同判例の補足意見では，「このような場合，現行法の下では，遺産の分割の審判事件を本案とする保全処分として，たとえば，特定の共同相続人の急迫の危険を防止するために，相続財産中の特定の預貯金債権を当該共同相続人に仮に取得させる仮処分（仮分割の仮処分。家事事件手続法 200 条 2 項）等を活用することが考えられ，これにより，共同相続人間の実質的公平を確保しつつ，個別的な権利行使の必要性に対応することができるであろう。」「もとより，預貯金を払い戻す必要がある場合としてはいくつかの類型があり得るから，それぞれの類型に応じて保全の必要性等保全処分が認められるための要件がその疎明の在り方を検討する必要があり，今後，家庭裁判所の実務において，その適切な運用に向けた検討が行われることが望まれる。」とされていました。

ここに言われていますように，仮分割の仮処分の活用は，これからの実務の運用次第では，ある程度の解決策となり得るものといえます。しかし，従来とまったく同じ利便性があるわけではありません。

まず，預貯金についての仮処分は，暫定的に引出しを認めるものですが，家庭裁判所に遺産分割調停を申し立てることが必要となります（家事事件手続法 200 条 2 項）。この点で，家庭裁判所を使わなくても，一部払戻しを受けていた従来よりも，利便性は下がらざるを得ません。

また，金融機関は遺産分割調停の当事者ではないので，仮処分の相手方とはなりません。そのため，仮処分の効力を直接及ばせることはできず，そのような仮処分があることを前提に，金融機関が任意に支払うことを期待するものにすぎません。

そこで，相続法改正では，2 つの方向から，柔軟な対応を可能としようとしています。1 つは仮処分の要件の緩和です（家事事件手続法 200 条 3 項）。もう 1 つは，より実質的な対応として，家庭裁判所の判断を経ないで法務省令に定める最低限の額について預貯金債権を行使することが認められました（909 条

第2章　相続

の2）。

⑷　一部分割

　遺産分割は，遺産のすべてを対象に，1回で分割するのが原則です。とはいえ，遺産に含まれる財産の範囲や時価評価，特別受益，寄与分などが争いになっている場合は，紛争が長期化し，相続人間で争いがない財産についても未確定の状態が続くことになります。そこで，実務上の工夫として，遺産分割調停や審判において，相続人の善意の合意を得て，遺産の一部を分割することが行われてきました。

　大阪高決昭和46年12月7日も，「思うに，遺産分割においては遺産の全部について行うのが相当であるけれども，遺産の範囲に争があって訴訟が係属しているような場合において，遺産の一部の分割をするとすれば，民法906条の分割基準による適正妥当な分割の実現が不可能となるような場合でない限り，遺産の一部の分割も許されるものと解するのを相当とする。」としています。

　相続法改正は，これをさらに進めて，共同相続人間に協議が整わないときに一部の分割を請求することを認めました（907条1項参照）。これは，従来よりも広く一部分割を認める方向にシフトしたということができるでしょう。

⑸　遺言の要式性の緩和

　遺言とは，死後の法律関係を定める人の最終の意思表示をいいます。

　遺言は，日常用語では「ゆいごん」と呼ばれますが，法的には「いごん」と呼ばれることが多いです。

　遺言を行うには，遺言の内容を理解し，遺言の結果を弁識しうるに足りる意思能力（遺言能力）が必要です。民法は，15歳に達した者に遺言能力を認めています（961条）。遺言能力は，遺言を作成する時に備わっていなければなりません（963条）。15歳以上であっても，遺言内容を理解する能力がない場合などには，遺言能力は否定されることになります。

141

第4編　家族法

（遺言能力）

第961条　15歳に達した者は，遺言をすることができる。

第963条　遺言者は，遺言をする時においてその能力を有しなければならない。

　遺言には，普通方式による場合と特別方式による場合とに大別されます。普通方式の遺言としては，自筆証書遺言（968条），公正証書遺言（969条），秘密証書遺言（970条）があります。特別方式の遺言としては，死亡危急時遺言（976条），伝染病隔離時遺言（977条），在船時遺言（978条），船舶遭難者遺言（979条）があります。

（自筆証書遺言）

第968条

1項　自筆証書によって遺言をするには，遺言者が，その全文，日付及び氏名を自書し，これに印を押さなければならない。

2項　前項の規定にかかわらず，自筆証書にこれと一体のものとして相続財産（第997条第1項に規定する場合における同項に規定する権利を含む。）の全部又は一部の目録を添付する場合には，その目録については，自書することを要しない。この場合において，遺言者は，その目録の毎葉（自書によらない記載がその両面にある場合にあっては，その両面）に署名し，印を押さなければならない。

3項　自筆証書（前項の目録を含む。）中の加除その他の変更は，遺言者が，その場所を指示し，これを変更した旨を付記して特にこれに署名し，かつ，その変更の場所に印を押さなければ，その効力を生じない。

（公正証書遺言）

第969条　公正証書によって遺言をするには，次に掲げる方式に従わなければならない。

一　証人2人以上の立会いがあること。

二　遺言者が遺言の趣旨を公証人に口授すること。

三　公証人が，遺言者の口述を筆記し，これを遺言者及び証人に読み聞かせ，又

第 2 章　相続

は閲覧させること。

四　遺言者及び証人が，筆記の正確なことを承認した後，各自これに署名し，印を押すこと。ただし，遺言者が署名することができない場合は，公証人がその事由を付記して，署名に代えることができる。

五　公証人が，その証書は前各号に掲げる方式に従って作ったものである旨を付記して，これに署名し，印を押すこと。

（秘密証書遺言）

第970条

1項　秘密証書によって遺言をするには，次に掲げる方式に従わなければならない。

一　遺言者が，その証書に署名し，印を押すこと。

二　遺言者が，その証書を封じ，証書に用いた印章をもってこれに封印すること。

三　遺言者が，公証人1人及び証人2人以上の前に封書を提出して，自己の遺言書である旨並びにその筆者の氏名及び住所を申述すること。

四　公証人が，その証書を提出した日付及び遺言者の申述を封紙に記載した後，遺言者及び証人とともにこれに署名し，印を押すこと。

2項　第968条第3項の規定は，秘密証書による遺言について準用する。

（死亡の危急が迫った者の遺言）

第976条

1項　疾病その他の事由によって死亡の危急に迫った者が遺言をしようとするときは，証人3人以上の立会いをもって，その1人に遺言の趣旨を口授して，これをすることができる。この場合においては，その口授を受けた者が，これを筆記して，遺言者及び他の証人に読み聞かせ，又は閲覧させ，各証人がその筆記の正確なことを承認した後，これに署名し，印を押さなければならない。

2項　口がきけない者が前項の規定により遺言をする場合には，遺言者は，証人の前で，遺言の趣旨を通訳人の通訳により申述して，同項の口授に代えなけれ

第4編　家族法

ばならない。

3項　第1項後段の遺言者又は他の証人が耳が聞こえない者である場合には，遺言の趣旨の口授又は申述を受けた者は，同項後段に規定する筆記した内容を通訳人の通訳によりその遺言者又は他の証人に伝えて，同項後段の読み聞かせに代えることができる。

4項　前3項の規定によりした遺言は，遺言の日から20日以内に，証人の1人又は利害関係人から家庭裁判所に請求してその確認を得なければ，その効力を生じない。

5項　家庭裁判所は，前項の遺言が遺言者の真意に出たものであるとの心証を得なければ，これを確認することができない。

（伝染病隔離者の遺言）

第977条　伝染病のため行政処分によって交通を断たれた場所に在る者は，警察官1人及び証人1人以上の立会いをもって遺言書を作ることができる。

（在船者の遺言）

第978条　船舶中に在る者は，船長又は事務員1人及び証人2人以上の立会いをもって遺言書を作ることができる。

（船舶遭難者の遺言）

第979条

1項　船舶が遭難した場合において，当該船舶中に在って死亡の危急に迫った者は，証人2人以上の立会いをもって口頭で遺言をすることができる。

2項　口がきけない者が前項の規定により遺言をする場合には，遺言者は，通訳人の通訳によりこれをしなければならない。

3項　前2項の規定に従ってした遺言は，証人が，その趣旨を筆記して，これに署名し，印を押し，かつ，証人の1人又は利害関係人から遅滞なく家庭裁判所に請求してその確認を得なければ，その効力を生じない。

4項　第976条第5項の規定は，前項の場合について準用する。

遺言は各相続人の利害関係に直結しうるなど影響力の大きい法律行為である

ため，明確性の要請が強いといえます。そのため，それぞれ要式が定められています。たとえば，自筆証書遺言については，「遺言者が，その全文，日付及び氏名を自書し，これに印を押さなければならない。」と定められています（968条1項）。

（自筆証書遺言）

第968条

1項　自筆証書によって遺言をするには，遺言者が，その全文，日付及び氏名を自書し，これに印を押さなければならない。

2項　前項の規定にかかわらず，自筆証書にこれと一体のものとして相続財産（第997条第1項に規定する場合における同項に規定する権利を含む。）の全部又は一部の目録を添付する場合には，その目録については，自書することを要しない。この場合において，遺言者は，その目録の毎葉（自書によらない記載がその両面にある場合にあっては，その両面）に署名し，印を押さなければならない。

3項　自筆証書（前項の目録を含む。）中の加除その他の変更は，遺言者が，その場所を指示し，これを変更した旨を付記して特にこれに署名し，かつ，その変更の場所に印を押さなければ，その効力を生じない。

自筆証書遺言は，遺言者が単独で簡便に作成できるため，需要が大きいといえます。しかし，遺言者が法律の専門家というわけではないため，方式に反して無効となる場合がまま見受けられます。また，遺言を管理する者を定める制度がないため，遺言の隠滅や改ざんが起こりやすいという問題もありました。

明確性の要請と遺言者の最終意思の尊重の要請のバランスをとる必要がある問題ですが，遺言をより使いやすい制度とするため，方式を緩和する方策がないかが検討されてきました。

相続法改正では，相続財産の目録について自書を不要としました（968条2項）。さらに，法務局に遺言の保管を申請する制度が創設されました（法務局における遺言書の保管等に関する法律4条1項）。

第4編　家族法

⑹　遺留分減殺請求権の価値請求権化

①　遺留分制度の意義

遺留分制度とは，一定の範囲の相続人に対して，法定相続分の一部の相続権を保障する制度をいいます。

遺留分がある相続人は，遺留分を侵害する遺贈・贈与を減殺することができます（**遺留分侵害額請求権**。1046条1項）。「減殺」というのは，理解が難しい用語ですが，その具体的な意味については，後で説明します。ここでは，遺留分に相当する範囲で，効果を減少させることができるという程度で理解しておけばよいでしょう。

遺留分制度の意義については，様々な理解があり得るところです。この点については，**遺族の生活保障**という意義を強調する見解が有力です。たとえば，被相続人となる配偶者が相続財産を1人の相続人に集中させてしまうことによって，他方配偶者の生活が立ちゆかなくなるのを防ぐといった場面が想定されます。とはいえ，相続人が相続財産をどの程度受け取れるかは，相続人が寄与したことを前提としないため（そもそも相続財産がゼロないしマイナスの場合もあります），より実質的な説明も試みられています。

まず，配偶者については，**実質的な共有財産の清算**という意味があるとされることがあります。夫婦の財産が成るについては，他方の協力が欠かせないということであれば，夫婦の一方の名義であっても，その一部は実質的には他方配偶者の作り出した財産と捉えることができます。そうだとすれば，被相続人となる配偶者の一方的な意思で他方配偶者の財産を全面的に処分できるのはおかしいということになり，一定の制限を設ける合理性が認められることになります。

次に，血族の相続人については，かつての家制度の復活を防ぐという意義が指摘されることがあります。被相続人が無制限に相続財産を処分できるとするならば，長男に財産を集中させることにより，かつての家督相続と同じ状態を作り出すことができるため，これを認めるべきではないというのです。これを相続人の立場から見るならば，**共同相続人間の公平**を図るための制度という理

解が可能となるでしょう。

なお，これらは，必ずしも互いに対立する説明ではありません。

②　遺留分侵害額請求権

遺留分を主張するかどうかは，各相続人の意思に委ねられています。

遺留分の主張は，上記のように，遺留分侵害額請求権（1046条1項）の行使という形をとります。これは，権利行使の意思表示によって効果が生じるという形成権です（最判昭和41年7月14日）。

遺留分侵害額請求の対象は，遺贈や贈与が定められていますが，いわゆる「相続させる」遺言がされた場合も含まれます（最判平成10年2月26日）。

判例は，「遺留分権利者の減殺請求により贈与又は遺贈は遺留分を侵害する限度において失効し，受贈者又は受遺者が取得した権利は右の限度で当然に減殺請求をした遺留分権利者に帰属するものと解するのが相当」としていました（最判昭和50年8月30日）。これは形成権の行使によって物権変動が生じるとするものです（物権的効果説）。また，通説は，このような効果は，相続開始時に遡及すると考えていました。

しかし，遺留分権利者を保護する必要があるとしても，物権的効果を認めて共有関係とするのでは，効果として強すぎ，かえって再分割の手間を増やしてしまうおそれがあります。物権的効果を認めることによって，円滑な事業承継が困難となるという指摘もありました。

そこで，遺留分を侵害された場合の法的効果を合理的なものとするための法改正が必要となりました。

③　改正の方向性

相続法改正では，従来の物権的効果を改め，遺留分に相当する額の金銭債権の発生とすることになりました（1046条1項。侵害額請求権としての構成）。これによって，共有関係を生じて再分割の手間を生じることを防ぐことができます。

第**4**編　家族法

　問題は，減殺の結果生じた金銭債権をいかに履行するかです。相続財産に現金・預金が多くない場合などに，即時に履行しなければならないとすれば，受遺者・受贈者に過大な負担となる事態が生じ得ます。そのことによって，受遺・受贈が放棄されることになれば，遺言を認めた意義も失われてしまうおそれがあります。

　そこで，相続法改正では，当初は，指定財産による給付の制度の導入が検討されました。これは，受遺者や受贈者が指定する相続財産について，その給付をもって金銭債権への支払いと扱う制度です。

　しかし，この制度の導入には反対も強く，最終的な要綱には取り入れられませんでした。たとえば，受遺者や受贈者が指定する財産をもって給付すればよいのであれば，地方に散在する不要な財産を遺留分権者に押しつける等の事態が生じることも懸念されます。維持・管理に費用がかかる山林など，扱いに困る財産を遺留分権者に押しつけ，優良な財産だけを受遺者・受贈者が得ることができるとすれば，遺留分制度の趣旨が失われることになりかねません。

　そこで，相続法改正では，金銭債権に充当する財産を受遺者・受贈者が決めるのではなく，あらかじめ法律で指定の順序を定めることとしました（1047条）。

　＜参　照＞ 新旧対照条文（http://www.moj.go.jp/content/001263585.pdf）

条 文 索 引

【民　法】

1条2項	25
4条	5
5条	4
85条	81
86条	81
90条	13, 61
93条	7, 14
93条1項本文	7
93条1項ただし書	7, 27
93条2項	7
94条	8, 14
95条	9
95条錯誤【表示錯誤の場合】	14
95条錯誤【動機錯誤の場合】	15
95条3項	10
96条詐欺	15
96条強迫	16
96条1項	11
96条2項	11
96条3項	11
99条	19
100条	20
107条	27
108条	28
108条1項本文	29
108条2項本文	29

108条2項ただし書	29
109条	26
109条1項	25
109条2項	25
110条	25, 26
112条	26
112条1項	25
112条2項	25
113条	21
113条1項	22
113条2項本文	22
117条	22
117条2項1号	23
117条2項2号本文	23
117条2項2号ただし書	23
144条	31
145条	31, 32
147条	33
148条	33
152条	34
162条	34
162条1項	34
162条2項	34
163条	34
166条	36
166条1項	35
167条	36

条文索引

186条 ······································35

256条1項本文 ··························119

400条 ······································86

404条1項 ································42

404条2項 ································42

412条の2 ··················44, 110, 112

414条1項 ································42

415条 ································43, 69

415条1項ただし書 ···················44

415条の2第1項 ·······················43

416条 ······································46

423条1項ただし書 ···················50

423条の2 ································51

423条の3 ································51

423条の4 ································50

423条の5 ································51

423条の6 ································52

423条の7 ································49

424条 ······································52

424条1項 ··························52, 57

424条1項ただし書 ···················55

424条2項 ································53

424条3項 ································53

424条の2 ································54

424条の3 ································55

424条の5 ································55

424条の6 ································56

424条の6第1項前段 ···············56

424条の6第1項後段 ···············56

424条の7 ································57

424条の7第1項 ·······················57

424条の7第2項 ·······················57

424条の8 ································57

424条の8第1項 ·······················56

446条 ······································58

493条 ······································68

493条本文 ································68

541条 ··················43, 69, 87, 111

542条 ··················43, 70, 87, 111

542条1項1号 ··························112

548条の2第1項柱書 ···············63

548条の2第1項1号 ···············63

548条の2第1項2号 ···············64

548条の2第2項 ·······················64

548条の3 ································64

548条の3第1項 ·······················64

548条の4 ································64

548条の4第2項 ·······················64

555条 ····································2, 66

557条 ······································67

557条1項本文 ·························68

559条 ······································82

560条 ······································82

561条 ································67, 82

562条 ··························70, 82, 109

563条 ······································71

150

566条	71, 72	709条	19, 138
594条	86	724条	36
594条1項	86	724条の2	37
601条	81, 85, 91	733条	121
604条	94	739条	117
605条	90	763条	121
605条の2	93	764条	121
605条の3	96	770条1項	121
605条の4	93	770条1項5号	122
606条	83, 86	882条	23
607条	88	887条	125, 132
607条の2	95	887条2項	132
608条	84	887条3項	132
611条	89, 95	889条	125, 132
611条2項	88	889条2項	132
612条	89, 96	890条	125, 131
613条	90	891条	126
616条	86	892条	126
616条の2	87, 95	893条	126
620条	88	896条	23, 130
621条	91	896条本文	23, 130
622条の2	92	897条	130
632条	103	897条1項	130
634条	107	898条	134
636条	108	900条	130
637条	113	900条2号	132
641条	106	900条3号	132
703条	138	900条4号本文	131

条文索引

902条 ……………………………130, 131

903条 …………………………………138

903条1項 ……………………137, 138

903条3項 ……………………………137

903条4項 ……………………………137

904条の2第1項 ……………………137

907条1項 ……………………………141

909条の2 ……………………………140

913条3項本文…………………………90

915条 …………………………………127

915条1項本文 ………………………127

915条1項ただし書 ……………127, 128

920条 …………………………………128

921条 …………………………………128

922条 …………………………………129

923条 …………………………………129

924条 …………………………………129

938条 …………………………………127

939条 ……………………………127, 128

951条 …………………………………135

952条 …………………………………135

952条1項 ……………………………135

958条 …………………………………135

958条の2 ……………………………135

958条の3 ……………………………135, 136

959条 …………………………………135

961条 ……………………………141, 142

963条 …………………………………141

968条 ……………………………142, 145

969条 …………………………………142

970条 ……………………………142, 143

976条 ……………………………142, 143

977条 ……………………………142, 144

978条 ……………………………142, 144

979条 ……………………………142, 144

1028条……………………………………136

1030条本文………………………………136

1032条2項………………………………136

1037条……………………………………136

1037条1項………………………………136

1041条……………………………………136

1046条1項……………………………146, 147

1047条……………………………………148

【家事事件手続法】

200条3項…………………………………140

【法務省における遺言の保管等に関する法律】

4条1項……………………………………145

事 項 索 引

【あ行】

「家」制度……………………………116

遺産共有……………………134, 139

遺産分割調停………………………123

意思能力………………………………3

意思表示………………………………3

慰謝料………………………………46

一部分割……………………………141

違約手付……………………………67

遺留分侵害額請求権……………146, 147

遺留分制度…………………………145

請負…………………………………103

請負契約……………………………114

請負人の担保責任…………………108

援用…………………………………31

【か行】

概算請負……………………………105

解約告知……………………………88

解約手付……………………………67

加工の法理…………………………106

過失責任主義………………………45

家族法………………………………116

家督相続……………………………123

仮分割の仮処分……………………140

起算日………………………………31

期待権………………………………49

協議離婚……………………………121

共通錯誤……………………………11

強迫…………………………………11, 16

寄与分………………………………137

組合契約……………………………114

形成権………………………………147

契約……………………………………2

契約の一部解除……………………106

原始取得……………………………35

現実の提供…………………………68

限定承認……………………………128

顕名…………………………………20

権利外観法理………………………25

合意解除……………………………90

工作物………………………………110

公序良俗……………………………13

公正証書遺言………………………142

婚姻…………………………………117

婚姻意思……………………………117

婚姻予約……………………………118

【さ行】

債権者代位権………………………49

再婚禁止期間………………………120

財産権絶対の原則…………………48

財産的損害…………………………46

財産分与……………………………54

財産法………………………………116

祭祀…………………………………130

事項索引

在船時遺言 ……………………142	消極損害 ……………………46
裁判離婚 ………………………121	消滅時効 …………………31, 35
債務者の免責事由 ……………44	証約手付 ………………………67
債務不履行 ……………………42	署名代理 ………………………20
詐害行為取消権 ………………52	信義則 …………………………25
差額説 …………………………46	親族法 …………………………116
詐欺 …………………………11, 15	信頼関係破壊法理 ……………89
錯誤 ………………………9, 14, 15	信頼利益 ………………………71
敷金 ……………………………92	心裡留保 ……………………7, 14
時効 ……………………………31	推定 ……………………………28
時効完成後の債務の承認 ……37	製作物供給契約 ………………103
時効の援用 ……………………31	成人年齢 ………………………4
時効の完成 ……………………32	責任財産 ………………………48
時効の完成猶予 ………………32	積極損害 ………………………46
時効の更新 ……………………32	船舶遭難者遺言 ………………142
時効の当事者 …………………32	相続 ……………………………123
自己契約 ………………………29	相続欠格 ………………………126
自己決定に基づく自己責任の原理 …6, 61	相続人 …………………………124
下請負 …………………………104	相続法の改正 …………………124
実質的破綻主義 ………………122	相続放棄 ………………………127
私的自治の原則 ………………6	双方代理 ………………………29
自筆証書遺言 ……………142, 145	訴訟告知 …………………52, 57
死亡危急時遺言 ………………142	【た行】
借地借家法 ……………………90	代襲相続 ………………………132
修繕義務 ………………………83	代理 ……………………………18
熟慮期間 ………………………127	代理権の濫用 …………………27, 29
取得時効 …………………31, 34	諾成契約 ………………………104
準婚理論 ………………………118	他人物賃貸借 …………………82

事項索引

他人物売買	67	非財産的損害	46
単純承認	128	非嫡出子	133
賃貸借契約	81	必要費	83
賃料支払義務	85	秘密証書遺言	142
追完請求	108	表見代理	25
通常損害	46	夫婦	117
通常損耗	84	物理的な不能	44
通謀虚偽表示	8, 14	不動産賃借権の物権化	93
定額請負	105	偏頗行為	54
定型取引	63	妨害排除請求権	92
定型約款	60	包括継承	23, 130
手付	67	報酬支払義務	105
典型契約	66	法定相続分	130
伝染病隔離時遺言	142	法定単純承認	128
填補賠償	47	法定利率	42
動機錯誤	10, 16	冒頭規定	2, 66
特別縁故者への相続財産の分与	135	暴利行為	13
特別受益	137	（法律）効果	19
特別損害	46	法律効果	2

【な行】

		法律的な不能	44
内縁	118	（法律）要件	19
任意解除権	106	保護義務	83
ノーマライゼーション	4	保証債務	58

【は行】

		保存義務	86
配偶者居住権	136	保存行為	50
配偶者短期居住権	136	保存行為の受忍義務	86

【ま行】

廃除	126		
反対解釈	39	未成年者	4

155

事項索引

みなし相続財産………………………137

みなす ………………………………28

無権代理 ……………………………21

無催促解除…………………………112

矛盾行為 ……………………………38

無資力 ………………………………48

無断転貸 ……………………………95

持戻し免除の推定…………………137

【や行】

約款 …………………………………60

遺言…………………………………141

遺言能力……………………………141

用法遵守義務 ………………………86

預貯金債券…………………………138

【ら行】

利益相反行為 ………………………29

履行遅滞 ……………………………43

履行の着手 …………………………68

履行不能 ……………………………43

履行利益 ……………………………71

離婚…………………………………121

離婚意思……………………………121

類推適用 ……………………………28

【編著者紹介】

西口　竜司（にしぐち　りゅうじ）

●略　歴
弁護士。平成8年 同志社大学 法学部法律学科 卒業。平成18年 甲南大学 法科大学院 修了。関西学院大学 商学部講師（法学特論），兵庫県立大学 会計研究科講師（会社法Ⅱ等）。辰已法律研究所専任講師。平成25年 神戸マリン綜合法律事務所　設立。

●主要著者・論文
『ファーストステップ 法学入門』（中央経済社），『西口竜司の論文の書き方革命』(辰已法律研究所) 他著書多数。

【著者紹介】

小田　紗織（おだ　さおり）

●略　歴
弁護士。平成11年 関西大学 法学部法律学科 卒業。平成18年 甲南大学 法科大学院 修了。平成18年 司法試験合格。平成19年 司法研修所 修了（第60期）。同年 兵庫県弁護士会登録。平成25年 神戸マリン綜合法律事務所 入所。同年 甲南大学 非常勤講師（入門ビジネス法務、実践ビジネス法務）。

城戸　直樹（きど　なおき）

●略　歴
弁護士。平成16年 神戸大学 法学部卒。辰已法律研究所 講師。平成26年 神戸マリン綜合法律事務所　入所。兵庫県立大学 経済学部 非常勤講師（産業法。平成28年後期）。甲南大学 法学部 非常勤講師（経済法。平成30年〜）。甲南大学 法科大学院アカデミック・アドバイザー（平成28年〜）。兵庫県弁護士会 民法改正プロジェクト・チームの委員を経て（平成28年），同副座長（平成29年〜）。兵庫県 弁護士会 法教育委員会委員（平成28年〜）。

●主要著者
『新旧対照逐条解説民法（債権関係）改正法案』（共著）（新日本法規）がある。

ファーストステップ 改正民法

2018年8月20日　第1版第1刷発行

編著者	西　口　竜　司	
著　者	小　田　紗　織	
	城　戸　直　樹	
発行者	山　本　　　継	
発行所	㈱中央経済社	
発売元	㈱中央経済グループパブリッシング	

〒101-0051　東京都千代田区神田神保町1-31-2
電話　03（3293）3371（編集代表）
　　　03（3293）3381（営業代表）
http://www.chuokeizai.co.jp/
製　版／㈲ イー・アール・シー
印　刷／三英印刷㈱
製　本／㈲ 井上製本所

©2018
Printed in Japan

※頁の「欠落」や「順序違い」などがありましたらお取り替えいたしますので発売元までご送付ください。（送料小社負担）
ISBN 978-4-502-27431-2　C3032

JCOPY〈出版者著作権管理機構委託出版物〉本書を無断で複写複製（コピー）することは，著作権法上の例外を除き，禁じられています。本書をコピーされる場合は事前に出版者著作権管理機構（JCOPY）の許諾を受けてください。
JCOPY〈http://www.jcopy.or.jp　eメール：info@jcopy.or.jp　電話：03-3513-6969〉

中央経済社の本

好評既刊！

こんなにおもしろい仕事シリーズ

千原 曜　日野 慎司[著]
定価 本体 1,800円＋税

平林 亮子[著]
定価 本体 1,400円＋税

奥田 百子[著]
定価 本体 1,800円＋税

湊 義和[著]
定価 本体 1,800円＋税

定価変更の場合はご了承ください。